गिरगिट

(कहानी-संग्रह)

गिरगिट

(कहानी-संग्रह)

अखिलेश निगम 'अखिल'

लोकभारती प्रकाशन

लोकभारती प्रकाशन
पहली मंजिल, दरबारी बिल्डिंग, महात्मा गाँधी मार्ग
प्रयागराज-211 001

वेबसाइट : www.lokbhartiprakashan.com
ईमेल : info@lokbhartiprakashan.com

शाखाएँ : 1-बी, नेताजी सुभाष मार्ग, दरियागंज
नयी दिल्ली-110 002
अशोक राजपथ, साइंस कॉलेज के सामने
पटना-800 006 (बिहार)
36-ए, शेक्सपियर सरणी
कोलकाता-700 017

प्रथम संस्करण : 2015
द्वितीय संस्करण : 2019

आस्था पेपर कनवर्टर
प्रयागराज द्वारा मुद्रित

GIRGiT
by Akhilesh Nigam 'Akhil'

ISBN : 978-93-5221-056-5

मूल्य : ₹ 300

"जाड्यं हरति, ददाति ज्ञानं, माँ, देवि सरस्वति,
शास्त्रेषु निपुणाः, करे वीणा, हंसवाहिनी, सुवन्दिता।।"

—अखिलेश निगम 'अखिल'

अखिलेश निगम 'अखिल' की कहानियाँ

गिरगिट रंग बदलने के लिए प्रसिद्धि पा चुका है। किन्तु मानवाकृति को स्वयं से अधिक रंगों में देखकर स्वयं गिरगिट लज्जित बन पराजित है, यही सब अखिलेश निगम द्वारा विरचित कहानियों में दर्शनीय है। प्रेमचन्द-युग के पश्चात् हिन्दी कहानी का रूप बदला तथा उसमें युग-चेतना प्रकट हुई। नयी पीढ़ी के कथाकारों ने हिन्दी कहानी से मनोविश्लेषण और अन्तश्चेतनावाद की प्रयत्न-साध्य कृत्रिमता को दूर किया और आंचलिक जीवन से सम्बन्धित स्वाभाविक एवं यथार्थ कहानियाँ लिखी हैं।

नयी कहानी जीवन के सभी क्षेत्रों में प्रवेश कर रही है। नयी कहानी में वर्ण्यवस्तु और शैली में बड़ी क्रान्ति हुई है जो भाव एवं शैली की दृष्टि से एकदम नूतन है। *उक्त 'गिरगिट' कथा-संग्रह की बारह कहानियों में 'प्यार बनाम विवाह' कहानी-संग्रह की अन्य कहानियों में एकदम भिन्न संवाद शैली में निबद्ध कहानी है, जिसे कहानी में नया प्रयोग भी कह सकते हैं,* जिस पर अन्य कहानियों के साथ चर्चा की गयी है।

आधुनिक युगबोध को लेकर चलनेवाली सभी कहानियों में सामाजिक बोध व्याप्त है, जिसमें पात्रों की मनःस्थिति का निरूपण कुशलता से किया गया है। इन सभी कहानियों का वर्ण्यविषय राष्ट्रीय दृष्टिकोण के परिप्रेक्ष्य में मानव-जीवन की समस्याओं का चित्रण है। कहानीकार का उद्‌देश्य सर्वत्र सुधारवादी और आशावादी रहा है। इन कहानियों में कहीं-कहीं एक ही पात्र एक समय में मन के विभिन्न स्तरों पर जीता है, जहाँ चारित्रिक विसंगतियाँ ही कहानी की विशेषता बन गयीं। 'गुरु जी का साक्षात्कार' जिसका ज्वलन्त उदाहरण है।

नयी कहानी में नये-नये प्रयोग हो रहे हैं। जिससे कहानी तत्त्व या संवेदनाओं की अभिव्यक्ति प्रभावपूर्ण ढंग से हो सकी है। नयी कहानी के ग्यारह नवीनतम प्रयोग हैं—अकथा, एक स्थिति, एक इरादा, एक पूर्ण दीप्ति, एक विचार, एक मनःस्थिति, एक प्रक्रिया, एक भावबोध, एक निस्संगता, एक यात्रा, एक विसंगति। अखिलेश निगम की कहानी 'प्यार बनाम विवाह' मुझे बारहवाँ प्रयोग प्रतीत हुई।

'गिरगिट' नामक कथा-संग्रह की प्रथम कहानी है **मेरा क्या कसूर**? जिसमें विवश नारी-जीवन पर वेश्यावृत्ति का निराधार लांछन लगाकर पुरुष की अन्धवासना की अभिव्यक्ति है, जो नारी को बलात् अन्धवासना के गर्त में ढकेलकर उस निर्दोष पर

लांछन लगाने से भी नहीं हिचकती। 'हिमानी' नारी की विवशता का, मृदुला न्यायदृष्टि का तथा दोनों अभियुक्त समाज की आपराधिक दुष्प्रवृत्तियों के प्रतीक हैं।

डोली नामक कहानी हृदय को आन्दोलित करते हुए साम्प्रदायिक एकता का सन्देश देती है। संवेदना जगाकर हृदयों को करुणा की गंगा में डुबोकर जीवन को अर्थवान् बनाने का सन्देश देती है। समाज में करीना-जरीना जैसी न जाने कितनी बालिकाएँ हैं, जिन पर करुणार्द्र होने के बाद भी उनके लिए समाज कुछ नहीं कर पाता, सत्रह-अठारह वर्ष का भाई नफीस जामुन के पेड़ से गिरकर पंचतत्त्व में विलीन हो जाता है, ऐसे में उस अनाथ बालिका जरीना का निकाह कराने के लिए अपर पुलिस अधीक्षक राजेश आगे आकर संवेदनापूर्ण व्यक्ति का प्रतिनिधित्व करते हैं, जिनके सत्प्रयास से मौलवी तथा पण्डित उसका विवाह सम्पन्न कराकर समाज को मानवता का सन्देश देते हैं।

नौकरानी नामक कहानी सूक्तिपरक शैली के लिए उल्लेखनीय है यथा–

''सुख व दुःख का मूलभूत अन्तर यही है कि जहाँ सुख आपस में अलगाव पैदा करता है, वहीं दुःख एक-दूसरे को जोड़ता है।''

श्यामा संवेदना में डूबी हुई सास, चन्दा नामक पुत्रवधू को कष्ट में धैर्य बँधाती है। अपने पुत्र रोहित के प्रति ममता से पूर्ण चन्दा को अपनी सास श्यामा में माँ का प्रतिबिम्ब दीखता है। नौकरानी होने के दंश से आकुल श्यामा, सेठ रोशनलाल की अन्धवासना पर विचार कर व्यथित है। नौकरानी के हृदय का स्वाभिमान कहानीकार ने चारुता से अभिव्यक्त किया है–

''मालिक! मैं कोई वेश्या नहीं हूँ। मेहनत-मजदूरी करके अपना पेट पालती हूँ। मुझे एक भी पैसा नहीं चाहिए।''

मालिक रोशनलाल को असह्य है चन्दा का रवैया तथा आक्रोश-भरे स्वर में प्रत्युत्तर–

''बड़ी सती सावित्री बनती है...कल इसी समय तक तुम्हारे फैसले का इन्तजार रहेगा।''

रोशनलाल अन्धवासना के पंक में डूबे उन मालिकों का प्रतिनिधित्व करता है जो विवश नारी की अस्मत लूटने में नहीं हिचकते। कहानीकार ने चन्दा और रोशनलाल के माध्यम से इस सामाजिक प्रदूषण को दूर करने की प्रेरणा दी है। मानव-सेवा करने का सुव्रती भी वासना के पंक में डूबकर मानवता को भूल जाता है, इसका हृदयग्राही चित्रण उक्त कहानी में हुआ है।

बुआ जी नामक कहानी का ताना-बाना दुर्भाग्य के ताने-बाने से बुना गया है। किशोरवय बुआ जी डॉ. सुरेश सिंह से विवाहित होकर अपने नवजीवन को सतरंगी सपनों से सजाने में लगी थीं। वह पुत्री नेहा और पुत्र संचित की माँ बनकर सुखद दाम्पत्य जीवन की अनुभूति में तन्मय थी कि सहसा उनके जीवन में अकल्पित भूचाल

पति की प्रेमिका नर्स दमयन्ती ने ला दिया। पत्नी की अनसुनी कर पति ने रखैल दमयन्ती को घरवाली बनाकर बुआ जी को मायके भेजकर निर्वासित जीवन जीने को विवश किया। बुआ जी ने अपने माता-पिता के घर रहकर अपनी शिक्षा-दीक्षा बढ़ायी तथा सन्तान का भविष्य निर्माण किया। बुआ जी के बुढ़ापे की लकड़ी उनके पुत्र संचित को झोली फैलाकर उनकी दीदी एवं बहनोई ने माँग लिया, न चाहते हुए भी बुआ जी को इतना बड़ा त्याग करना पड़ा। भाई व भतीजियों के लालन-पालन में भी बुआ जी ने कोई कसर नहीं छोड़ी। बुआ जी का पूरा जीवन त्याग और समर्पण की आँसू भरी कहानी है। दमयन्ती के दिवंगत होने पर जब डॉ. सुरेश सिंह को पश्चात्ताप होता है, तब वे बुआ जी के पास लौटकर आते हैं और उनसे आग्रह करते हैं कि वे अपने पति को स्वीकारें, उस निवेदन को अस्वीकृत कर बुआ जी अपना जीवन तपस्या में काटने का सुनिश्चय करती हैं। सद्व्यवहार के कारण वे सम्पूर्ण मुहल्ले की बुआ बन गयीं किन्तु, उनके देहान्त के बाद सब उन्हें याद कर भावुक हो जाते हैं। हर स्थिति में मानव को हार न मानकर स्वयं अपना पथ प्रशस्त करना चाहिए, यही उक्त कहानी का सन्देश है, जिसे बुआ जी के माध्यम से भावनात्मक शैली में कहानीकार ने प्रस्तुत किया जो हृदय को स्पर्श करता तथा प्रेरणा देता है।

गुरु जी का साक्षात्कार नामक कहानी युगबोध का जीवन्त उदाहरण है। गैरिक वस्त्रधारी साधु-महात्मा तथा बाबाओं का यथार्थ स्वरूप कितना घिनौना होता है, उसे कहानीकार ने स्वामी जी के आश्रम के माध्यम से उद्घाटित किया है। स्वामी जी उन्हीं भ्रष्ट साधुओं का प्रतिनिधित्व करते हैं, जो भोली-भाली जनता को धर्म के नाम पर भ्रमित करते हैं। स्वामी जी प्रवचनों में धर्म की बात करके अपने शयनकक्ष में घोर रात्रि में सुन्दर नारियों द्वारा अपने पैर दबवाते हुए उस पत्रकार द्वारा देख लिये जाते हैं, जो उनका साक्षात्कार लेने आया है। आश्रम की बाह्य भव्यता के अन्दर घिनौने कर्म चल रहे हैं, जिसे पत्रकार ने स्वयं चौकीदार के खर्राटे भरने पर जरा-सी खिड़की खोलकर देख लिया। जीरोवाट बल्ब के धूमिल प्रकाश में निर्वस्त्र स्वामी जी को देखकर वह ग्लानि-युक्त हो जाता है। उक्त कहानी धर्म के नाम पर अधर्म के घिनौने खेल का पर्दाफाश कर युगीन विसंगतियों पर प्रकाश डालने में पूर्णतया सफल हुई है। स्वामी जी से साक्षात्कार उनके दोहरे चरित्र पर प्रकाश डालने में पूर्णतया सार्थक है। पत्रकार द्वारा लगाये गये प्रामाणिक आरोपों को निराधार कहना वक्रवृत्ति तथा दोहरे चरित्र के पाखण्डियों की विशिष्ट पहचान है।

प्यार बनाम विवाह नामक कहानी प्यार और विवाह को अलग-अलग कर प्यार के महत्त्व को समझाती है, जिसमें विवाह बाधा के रूप में आकर प्यार को प्यार रहने की अनुमति देता है, जिसे रागिनी के माध्यम से कहानीकार ने दर्शाया है। रागिनी प्यार रूपी वृक्ष पर विवाह रूपी कँटीला बन्धन स्वीकार नहीं करती है, जबकि राजन विवाह के लिए अनेक तर्क प्रस्तुत करता है किन्तु, रागिनी 'प्यार' पर दायित्व की धूप नहीं आने देना चाहती है।

बूढ़े लोग नामक कहानी में माँ-बाप जैसे पवित्र और सम्मानीय सम्बन्धों में भी आयी गिरावट पर व्यंग्य है, इतना मर्मान्तक जो हृदयों पर चोट करने में समर्थ है। दो-दो पुत्रों को समर्थ बनाने के बाद भी माँ और पिता वृद्धावस्था की सन्ध्या में उन्हीं नौनिहालों द्वारा कितने विवश और असमर्थ बना दिये जाते हैं, इस तथ्य को कहानीकार ने आँसू में लेखनी को डुबोकर अभिव्यक्त किया है। जो सम्बन्ध सर्वोपरि हैं, उन्हें नकारकर व्यक्ति स्वार्थ की सीमाओं में इतना जकड़ चुका है कि उससे ऊपर नहीं सोच सकता। माँ और पिता उक्त कहानी में घोर उपेक्षा को झेलते हुए विवशता के प्रतीक हैं तथा उनके दोनों पुत्र दिनेश और शैलेश अन्ध भौतिकवादी अपसंस्कृति के प्रतीक हैं, जो अपने क्षुद्र स्वार्थों के सामने सम्मानित सम्बन्धों की हत्या करने से भी नहीं चूकते। छोटा पुत्र दिनेश किराये के मकान का बहाना बनाकर माता-पिता को शैलेश के घर भगा देता है तथा शैलेश और उसकी पत्नी रागिनी दो कमरों के मकान का बहाना बनाकर घर छोड़ने को उन्हें विवश करता है। अन्ततः माँ और पिता जी अन्तर्द्वन्द्वग्रस्त होकर विचारमग्न हो जाते हैं।

पात्र संवाद, कथोपकथन तथा उद्देश्य सभी हस्तियों से कहानी अनूठी है। पात्रों के संवाद उनके चरित्र पर भी प्रकाश डालते हैं–

"पिता जी, आप गाँव कब जायेंगे? जब भी आप गाँव जाने का प्रोग्राम बनायें हमें दो दिन पहले बता दीजियेगा, मैं आप लोगों को खुद गाँव छोड़ने के लिए ऑफिस से छुट्टी ले लूँगा और रेल में रिजर्वेशन करा दूँगा।"

कहानी का सन्देश है–सम्बन्धों को महत्त्व देना और उनका निष्ठा से निर्वाह करना, जिनके बिना जीवन क्लेशयुक्त, अधूरा और ग्लानि से भरा है, हर सम्बन्ध महत्त्वपूर्ण है जिसका महत्त्व समझने और उसका निर्वहन करने में सुख और सन्तोष सन्निहित है।

कालगर्ल नामक कहानी नारी अपमान के प्रतिशोध की प्रतीक है, जिसमें दुःशासन के प्रतीक प्रद्युम्न सिंह जैसे लोग शालिनी को कालगर्ल बनाने पर आमादा हो जाते हैं। अनिच्छा से उसे शालिनी जैसी युवती अपनी देह समर्पित करने को विवश हो जाती है किन्तु, प्रतिशोध की ज्वाला में जलते हुए अवसर पाते ही उसे उसके जन्मदिन पर उसकी बर्खास्तगी एवं अपनी नियुक्ति का पत्र सभागार में पढ़कर सुनाते हुए अपने अपमान का बदला ले लेती है। कहानी का सन्देश है कि असत्य की पराजय और सत्य की विजय, दुराचरण का अन्त सुनिश्चित है, जिसे कहानीकार ने रोचक शैली में प्रस्तुत किया है। कथावस्तु, पात्र, संवाद, देश-काल एवं वातावरण तथा सन्देश की दृष्टि से उक्त कहानी उल्लेखनीय है।

हार-जीत नामक कहानी में दहेज की समस्या को उठाकर उसका समाधान संवेदनशील व्यवहार में ढूँढ़ने का प्रयास कहानीकार ने किया है। प्रेम के आगे पैसा तुच्छ

है। सन्दीप, साधना से प्रेम करने के बाद भी पैसे को महत्त्व देकर अंकिता से विवाह करता है। दुष्परिणामस्वरूप अंकिता और सन्दीप दोनों ही प्रेमालोक से वंचित द्वेष और अलगाव के अन्धकार में भटकते हैं। साधना प्रेम की आराधिका है। प्रेम की हार अन्ततः जीत में बदलकर सन्दीप और साधना को एक कर देती है। लेखक का उक्त कहानी में सन्देश है कि—दहेज को प्रचुरता से पाने के बाद भी स्नेहालोक के अभाव में दाम्पत्य जीवन अधूरा है। दहेज समस्या का समाधान प्रेम की जीत में सन्निहित है।

नया सवेरा नामक कहानी को कहानीकार अखिलेश निगम ने आँसुओं की अविराम सरिता में डूबकर लिखा है तथा संवेदना के जो अमृतकण बहाये हैं, वे सभी के लिए अमूल्य धरोहर हैं। **पॉलीथीन** बीननेवाले बच्चों को लेकर कहानी का जो ताना-बाना बुना गया है वह कथावस्तु की दृष्टि से उल्लेखनीय है। पात्र हैं मृदुला, मृदुला के पति तथा वे असहाय बच्चे जो कारुण्य रस में डूबे दम्पति को मैरिज एनीवर्सिरी के रूप में अनाथालय का स्वप्न साकार करने के लिए प्रेरित करते हैं। मृदुला अनाथ अभिनव को देखकर इतनी करुणाप्लावित होती है कि उस जैसे असंख्य बालक-बालिकाओं के लिए अपने पति के सहयोग से अनाथालय खुलवाती है। अपनी शादी की वर्षगाँठ भी अनाथालय के बालकों के साथ खुशियाँ बाँटकर सम्पन्न करती है, जिससे दम्पति को सहज और सच्चा सुख प्राप्त होता है। यही है 'नया सवेरा' नामक कहानी का जनमानस के लिए सन्देश कि दूसरों के दुःख बाँटकर ही सच्चा सुख प्राप्त किया जा सकता है, जो मानवता की सेवा में सन्निहित है। यह भाव मैंने अपने मुक्तक में अभिव्यक्त किया है—

''प्यार का दीप है जिन्दगी के लिए
नफरतों में वही, रोशनी के लिए।
हम भी पायेंगे खुशियाँ सुनिश्चित रहा
यदि जियें दूसरों की खुशी के लिए।।

जिज्ञासा प्रेम में जिज्ञासा को जगानेवाली युवामन की प्रतीक नीलम के हृदय में दिव्य स्वप्न जगाकर उसे अन्दर-ही-अन्दर गुदगुदानेवाली कहानी है। 'जिज्ञासा' नामक कहानी सिद्ध करती है कि यौवन का संसार रोमांस और प्रेमानुभूति का आवास है, जहाँ डॉ. के. के. शुक्ल जैसे मनमोहक व्यक्तित्व के युवा शिक्षक समवयस्क नीलम के सम्मुख अपने प्यार का इजहार भले ही न कर पाये हों किन्तु, युवा नीलम जिसकी अभिव्यक्ति स्वयं उनसे करते हुए कहती है—

''सर मैं इतने दिनों से अर्थशास्त्र से कहीं अधिक रुचि आप में ले रही हूँ, लेकिन आप अभी तक इसे नहीं समझ पा रहे हैं।''

प्रेम किसी सीमा को नहीं जानता किन्तु, उसे सद्विवेक द्वारा ही नियन्त्रित किया जा सकता है।

गिरगिट नामक कहानी गिरगिट जैसे पुत्रवधू के बदलते व्यवहार पर करारा व्यंग्य है, जिसमें पुत्रवधू अपने पति अर्पित के सामने अपने सास-ससुर के साथ सद्व्यवहार तथा पति के जाते ही सास-ससुर को बासी खाना परोसकर अपने रंग बदलते दुर्व्यवहार को व्यक्त करती है। दुरंगा दुर्व्यवहार पारिवारिक जीवन में अभिशाप है, सम्बन्धों की हत्या से कल्याण नहीं हो सकता।

गिरगिट नामक कथा-संग्रह की सभी कहानियाँ जिज्ञासा-रोचकता-भाव शबलता एवं युगबोध से सम्पन्न हैं। इसे अखिलेश निगम ने आधुनिक भावबोध से युग के सन्दर्भों के यथार्थ के सूक्ष्म विवेचन से और विषय वैविध्य से व्यापक बनाया है। आपकी कहानियाँ वैचारिक एवं अनुमूल्यात्मक संयोग से युक्त एवं अत्यन्त लोकप्रिय हैं। जीवन के सन्दर्भों का यथार्थ चित्रण विषयगत विविधता तथा परिवेशगत विस्तार, अनुमूल्यात्मक एवं वैचारिक संयोग तथा शिल्पगत वैशिष्ट्य आपकी कहानियों की विशेषताएँ हैं। आपने समाज में बदलते हुए सम्बन्धों का सूक्ष्म अध्ययन किया है, जिसकी अभिव्यक्ति चारुता से आपकी कहानियों में हुई है। वस्तुतः समकालीन कहानी कोई प्रवृत्ति-विशेष और धारा-विशेष नहीं अपितु, वह युगीन विषम परिस्थितियों से जन्मी यथार्थ की समग्र संचेतना और संवेदना की कहानी है, जिसके पात्रों के नाम भले ही काल्पनिक हों किन्तु, वे यथार्थ जीवन के जीवित पात्र हैं जो हृदय की भाषा बोलते हैं।

डॉ. महाश्वेता चतुर्वेदी

व्यक्ति और समाज को प्रतिबिम्बित करती कहानियाँ

श्री अखिलेश निगम 'अखिल' वस्तुतः सामाजिक सरोकार के रचनाकार हैं। परिवेश में जो कुछ घटित हो रहा है, वही उनके लेखन का विषय बनता है। सामाजिक यथार्थ को सृजन के माध्यम से सहज अभिव्यक्ति प्रदान करने में अखिल जी सिद्धहस्त हैं। उनकी काव्य और गद्य–दोनों विधाओं की रचनाओं में यह खूबी देखी जा सकती है। यथार्थ की शालीन अभिव्यक्ति रचनाओं में सर्वत्र मिलती है।

गिरगिट 'अखिल' जी का कहानी-संग्रह है जिसमें–मेरा क्या कसूर?, डोली, नौकरानी, बुआ जी, गुरु जी का साक्षात्कार, प्यार बनाम विवाह, बूढ़े लोग, कालगर्ल, हार-जीत, नया सवेरा, जिज्ञासा और गिरगिट शीर्षक से कहानियाँ संगृहीत हैं। 'गिरगिट' कहानी-संग्रह की अधिकांश कहानियाँ समाज के सूक्ष्म पर्यवेक्षण पर आधारित हैं। कहानीकार ने बड़ी बारीकी से व्यक्ति और समाज की स्थिति को निरखा और परखा है। इसलिए पाठकों को इन कहानियों की घटनाओं से सहमत होने में कोई असहजता नहीं होती।

महिलाओं की सुरक्षा-संरक्षा सम्बन्धी तमाम कानूनों के बावजूद अभी समाज में उनका शोषण किसी-न-किसी रूप में हो ही रहा है, यद्यपि नारी सशक्तीकरण की स्थिति

पर्याप्त दृढ़ है। 'मेरा क्या कसूर?' कहानी में नारी की विवशता का यथार्थ चित्रण है। इस कहानी की हिमानी को इस प्रकार प्रवंचित करके कहाँ-से-कहाँ पहुँचा दिया जाता है। समाज उस पर किसी प्रकार रहम नहीं करता। महिला-आश्रम में भी उच्चपदस्थ व्यक्ति की उस पर कुदृष्टि पड़ती है, उसे मजबूर होने के लिए बाध्य किया जाता है, किन्तु वह दृढ़ता से आत्म-चरित्र की रक्षा करती है, परिणामतः उसे आश्रम से बाहर निकाल दिया जाता है और वह फिर बेसहारा होकर दर-दर की ठोकरें खाने के लिए विवश हो जाती है। इस कहानी की मृदुला जो उच्च न्यायिक पद पर है, नारी सशक्तीकरण और उत्थान के लिए समर्पित है, इसमें बेसहारा, अनाथ महिलाओं के प्रति संवेदना है। कहानीकार ने पूर्वदीप्ति के माध्यम से कथानक को बहुत संवेद्य बना दिया है। अभी नारियों को बहुत संघर्ष करना बाकी है। जज के रूप में मृदुला बेबस हिमानी को महिला-आश्रम में नियुक्त कर मदद तो करती है, किन्तु वहाँ भी वह रक्षित नहीं है, किसी की हवस पूरी करने के लिए तैयार न होने पर उसे फिर बेसहारा कर दिया जाता है। ऐसी स्थिति में वह जज मृदुला से प्रश्न करती है कि–

"दीदी बताओ मेरा क्या कसूर है? आपका समाज, आपका ईश्वर और आप सब मुझे किस अपराध की सजा दे रहे हैं?"

मृदुला कोर्ट के कटघरे में अवाक्-सी खड़ी थी। यहाँ कहानीकार ने लज्जा से पूरे समाज को कटघरे में खड़ा कर दिया। महिलाओं के प्रति हो रहे अमानुषिक बर्ताव के प्रति समाज सचमुच अवाक् है।

डोली कहानी में अपर पुलिस अधीक्षक राजेश (प्रकारान्तर के स्वयं कथाकार) का चरित्र अत्यन्त सहृदयतापूर्ण, मानवतापूर्ण और परदुःखकातर है। समाचार-पत्र में अब कौन उठायेगा डोली? शीर्षक खबर पढ़कर उसके मन में अनाथ लड़की के प्रति गहरी संवेदना उमड़ पड़ती है और उसको सहारा देने के लिए वे बेचैन हो जाते हैं। ईमानदारी से अपना कर्त्तव्य पालन करते हुए समाज में बेसहारा और लाचारों के प्रति वास्तविक जागरूकता और कर्त्तव्य-बोध पैदा करने के लिए वह छटपटाने लगते हैं। अपर पुलिस अधीक्षक के सत्प्रयास से अनाथ बहनों–जरीना और करीना की जिन्दगी सँवर जाती है और उन्हें अपनी जिन्दगी बसर करने के लिए भरपूर सहारा मिल जाता है। इस कहानी से व्यक्ति और समाज को महत्त्वपूर्ण सन्देश मिलता है। इस कहानी से सामाजिक सद्भाव, सर्वधर्म समभाव और बेसहारा लोगों के प्रति करुणा का भाव जाग्रत होता है।

इस संग्रह की *नौकरानी* कहानी बहुत संवेदनापूर्ण है। कहानीकार ने कहानी का आरम्भ बहुत ही आकर्षक शैली में किया है। दुर्घटना से युवा पति के दिवंगत हो जाने पर बेवा नौकरानी चन्दा पुत्र रोहित और अपनी सास श्यामा के साथ शहर के सुप्रसिद्ध समाजसेवी रोशनलाल के सर्वेण्ट्स क्वार्टर में रहकर साफ-सफाई और रसोई का कार्य करती है। सेठ की अत्यन्त रूपवती पत्नी सावित्री अपने भाई की बीमारी में पन्द्रह दिनों

के लिए चली जाती है। इसी बीच एक दिन सेठ रोशनलाल की नीयत नौकरानी चन्दा पर डोल जाती है। चन्दा उस दिन किसी प्रकार अपने को बचा पाती है, किन्तु अगले दिन नशे में धुत सेठ के हवस का शिकार हो जाती है। कहानीकार, चन्दा और उसकी सास के प्रति बहुत संवेदनशील है। सेठ उस अनाथ चन्दा को अनेक प्रकार के प्रलोभन देता है। किसी भी प्रकार राजी न होनेवाली चन्दा से वह कहता है–

"अरे चन्दा! रुक तो...हम रुपये-पैसे से तेरी झोली भर देंगे...बस, कभी-कभी मुझे खुश कर दिया करो।"

चन्दा शालीनता से मुँहतोड़ जवाब देती है–

"मालिक! मैं कोई वेश्या नहीं हूँ। मेहनत-मजदूरी करके अपना पेट पालती हूँ। मुझे ऐसा पैसा नहीं चाहिए।"

उसका चेहरा स्वाभिमान से तमतमा उठा था। इस कहानी में बड़े घर के चोंचलों का पर्दाफाश बड़ी बेबाकी से हुआ है। इस कहानी का अन्त कुछ और चाहता है, कहानीकार को थोड़ा आगे बढ़ना चाहिए था। चन्दा जैसी ही चरित्रशीला को सेठ के समक्ष किसी भी स्थिति में समर्पित नहीं होना चाहिए। यह कहानी यथार्थपरक अत्यन्त संवेदनापूर्ण एवं मार्मिक है, किन्तु नारी-समुदाय और सम्पूर्ण समाज के प्रति सुदृढ़ सन्देश जाने में कहीं रुकावट पड़ जाती है।

बुआ जी एक रेखाचित्रात्मक शैली की मार्मिक कहानी है। इसमें कहानीकार ने पारिवारिक एवं सामाजिक समस्याओं को गम्भीरता से विवेचित किया है। कहानीकार ने इस कहानी में यह दर्शाया है कि परिवार और समाज में तरह-तरह के लोग होते हैं और उनके व्यवहार भी भिन्न-भिन्न होते हैं। इन सबकी अच्छी झलक इस कहानी में मिल जाती है। 'अखिल' जी ने बुआ जी के रूप में एक नारी के जीवन-संघर्ष को कहानी के रूप में बखूबी रेखांकित किया है।

गुरु जी का साक्षात्कार कहानी में साक्षात्कार (इण्टरव्यू) शैली का अच्छा सम्मिश्रण है। कहानी में आज के अधिकांश ढोंगी गुरुओं, बाबाओं और मठाधीशों के चरित्र का बखूबी पर्दाफाश किया गया है। आजकल के कई गुरुओं और बाबाओं की कथनी और करनी में कितना फर्क है, उनमें बाहर क्या है और भीतर क्या है? यह कहानी सब-कुछ बेबाकी से बयाँ करती है। पत्रकारों के लिए भी यह कहानी अच्छा सन्देश देती है, उन्हें ऐसे ढोंगियों को खोज निकालना चाहिए, जिससे समाज उनके प्रवचनों (ठगी) से बच सके तथा उनके कथनी-करनी का अन्तर भी समाज के सम्मुख आ सके।

प्यार बनाम विवाह को कहानीकार ने **संवाद कहानी** की संज्ञा दी है। कहानी के सन्दर्भ में यह एक अलग तरह का प्रयोग कहा जा सकता है। इस कहानी में सौतेलेपन की समस्या को चिह्नित किया गया है। सौतेलापन एक मानसिक और सामाजिक समस्या है। इस कहानी की नायिका 'रागिनी' इसी कारण सौतेलेपन से भयाक्रान्त है

और विधुर राजन से विवाह के लिए तैयार नहीं हो पाती। राजन के लाख समझाने पर भी वह कहती है—

"मैं जानती हूँ कि हम दोनों को एक-दूसरे से कोई शिकायत नहीं होगी लेकिन समाज तो हमें सौतेली माँ का ही खिताब देगा, जिसे मैं स्वीकार नहीं करना चाहती।"

इस कहानी में यह स्पष्ट किया गया है कि प्यार और विवाह अन्योन्याश्रित होना अनिवार्य नहीं है तभी तो रागिनी कहती है कि—

"क्या हम दोनों बिना विवाह किये हुए एक-दूसरे को प्यार नहीं कर सकते?"

नया सवेरा मानवता का नव सन्देश देनेवाली मार्मिक एवं आदर्श कहानी है। मृदुला और प्रभात बहुत सहृदय और व्यावसायिक हैं। वे अपना जीवन अनाथ बच्चों की परवरिश में लगा देते हैं और समाज को एक शुभ सन्देश देते हैं।

बूढ़े लोग कहानी में आज के उपभोक्तावादी युग में अपने माता-पिता के प्रति पुत्र के उपेक्षात्मक रवैये का मार्मिक चित्रण है। इस कहानी में पुत्रों द्वारा अपने वृद्ध माता-पिता की सेवा करने के बजाय उन्हें अपने साथ रखने में भी असमर्थता जतायी है, जिसका कहानीकार ने अत्यन्त मार्मिक चित्रण किया है।

कालगर्ल कहानी की शालिनी एक प्रमुख नारी चरित्र है, उसने धैर्यपूर्वक सब-कुछ झेलते हुए दुराचारी मैनेजर प्रद्युम्न को अपने विवेक से अन्ततः ऐसी पटखनी दी है कि वह कहीं का न रहा। इस कहानी में अधिकांश फर्मों एवं कार्यालयों में कामकाजी लड़कियों की समस्याओं, उनके प्रति पुरुषों की भेड़ियादृष्टि और संवेदनहीनता को यथार्थ शैली में अभिव्यक्त किया गया है। शालिनी ने प्रद्युम्न सिंह को तो सबक सिखाया किन्तु, इसी प्रकार का सबक फर्म के दुष्कर्मी मालिक सेठ रघुबरदयाल को भी मिलना चाहिए था। यद्यपि शालिनी ने यहाँ काँटे से काँटा निकलवाने का कार्य सफलतापूर्वक किया है किन्तु, निचले स्तर पर आकर यहाँ शालिनी की परिस्थितिवश ही सही, समझौतावादी छवि छिपती नहीं है।

हार-जीत लम्बी कहानी है। इसमें दहेज की समस्या उठायी गयी है और अन्ततः दहेजलोभियों को क्षमा माँगनी पड़ती है। कहानी का सन्देश वर्तमान समाज के लिए अत्यन्त प्रासंगिक है। आजकल प्यार, प्रतिष्ठा और सम्मान का, दहेजलोभियों के लिए कोई महत्त्व नहीं होता।

जिज्ञासा विश्वविद्यालयीन वातावरण को व्यक्त करनेवाली रोचक कहानी है। नव नियुक्त अध्यापक के सामने कैसी-कैसी चुनौतियाँ आती हैं और कैसे उनका सामना करना पड़ता है, इस दृष्टि से यह कहानी बहुत सुन्दर है। ज्ञान के साथ अध्यापक का चरित्र बहुत महत्त्व रखता है। चरित्र से दुर्बल अध्यापक का उच्च ज्ञान भी प्रभावहीन और प्रायः निष्फल हो जाता है। अतः शिक्षक को प्रतिक्षण सावधान

रहने की आवश्यकता रहती है। अधिकांश विद्यार्थी तो अनुभवहीन और विचलित मनोवृत्ति अवस्था में रहते हैं। समझना तो शिक्षक को ही होता है। यह कहानी अध्यापक और छात्र-छात्राओं की मनोदशा का अच्छा विश्लेषण करती है।

गिरगिट कहानी आजकल की शिक्षित बहुओं के दोहरे आचरण को बखूबी उकेरती है। पति अर्पित के सामने पत्नी रीमा का व्यवहार अपने सास-ससुर के प्रति और तरह का तथा पति के परोक्ष होने पर दूसरी तरह का हो जाता है। उसके व्यवहार का समदृष्टि—बच्चों पर कुछ अलग असर पड़ता है। वे अपनी माँ रीमा को टोक देते हैं कि वह दादी-बाबा को बासी एवं ठण्डा भोजन फालोवर राजू से उनके बेडरूम में क्यों भेजवाती हैं। बच्चों की इच्छा दादी-बाबा के साथ बैठकर डाइनिंग टेबिल पर डिनर करने की है। रीमा न तो बच्चों की इच्छा का खयाल करती है और न ही अपने सास-ससुर की स्थिति का। यद्यपि विदा होते समय अपने पति के निवेदन पर वह पूरा आश्वासन देती है—

"चिन्ता न करो! अर्पित जितना मुझसे बन पड़ेगा, मैं पूरा ध्यान दूँगी।"

अर्पित के सम्मुख रीमा उनके माता-पिता की खूब सेवा करती है किन्तु, अर्पित के जाने के बाद ही वह तुरन्त गिरगिट की भाँति अपना रंग बदल देती है। अपने सास-ससुर को बासी खाना परोसने के साथ-साथ उसके व्यवहार में भी जमीन-आसमान का फर्क आ जाता है। कहानी का शीर्षक 'गिरगिट' अपने-आप में बहुत सार्थक और वास्तविकता को व्यक्त करता है।

'गिरगिट' कहानी-संग्रह की सभी कहानियाँ अपने-अपने क्षेत्रों में सशक्त हैं। कहानी के तत्त्वों की दृष्टि से भी कहानियों को सफल कहा जा सकता है। इस संग्रह की कहानियों का आरम्भ बहुत रोचक एवं आकर्षक है। पात्रों का चरित्र-विकास भी स्वाभाविक एवं मनोभाविक होने से पाठकों के मन को आकृष्ट करता है। वातावरण सृष्टि इतनी सहज और सुगठित है कि पाठकों का मन कहानी में बँधा रहता है। प्रत्येक कहानी में व्यक्ति और समाज के लिए महत्त्वपूर्ण सन्देश सन्निहित है। अतः उद्देश्य की दृष्टि से भी कहानियाँ सफल सिद्ध होती हैं। कहानियों की विषय-वस्तु जीवन और समाज से जुड़ी होने के कारण बहुत प्रासंगिक और प्रभावशाली हैं। 'अखिल' जी की कहानियों में यथार्थ और आदर्श का अद्भुत सामंजस्य है। यथार्थ स्थिति का विश्लेषण करते हुए कहानीकार आदर्श की प्रस्तुति को भी नहीं भूलता। यह बात ध्यान देने योग्य है कि केवल यथार्थ का चित्रण कर देना ही कहानीकार का कार्य नहीं है। उसे समस्याओं के लिए समाधान भी संकेतित करना है।

'अखिल' जी का 'गिरगिट' कहानी-संग्रह यथार्थ और आदर्श के सामंजस्य के साथ व्यक्ति, परिवार और समाज की स्थितियों को समग्रता से विश्लेषित एवं विवेचित करता है।

मेरा विश्वास है कि इन कहानियों से पाठकों तक वास्तविक सन्देश अवश्य पहुँचेगा। सामाजिक सरोकार और सघन संवेदना के साहित्यकार श्री अखिलेश निगम 'अखिल' को मेरी हार्दिक शुभकामनाएँ इस शुभाशंसा के साथ कि उनकी लेखनी दबे-कुचले, प्रवंचित-बेसहारा और जिज्ञासु समाज के लिए सदा संजीदगी से चलती रहे।

प्रो. हरिशंकर मिश्र

आत्म-कथन

वर्तमान युग निरन्तर बदलाव एवं विखण्डन का युग है, जिसके फलस्वरूप सम्पूर्ण सामाजिक परिवेश में अनेकानेक विसंगतियाँ, चुनौतियाँ एवं विभिन्न प्रकार के परिवर्तन परिलक्षित हो रहे हैं, जहाँ एक ओर प्रत्येक क्षेत्र में निरन्तर विकास हो रहा है। विज्ञान, चिकित्सा, कला एवं साहित्य आदि विभिन्न क्षेत्रों में अनवरत शोध कार्य हो रहे हैं, वहीं दूसरी ओर भौतिकता, धार्मिक एवं जातिगत कट्टरता, वर्ग-संघर्ष, गुटबन्दी एवं आपसी मनमुटाव निरन्तर बढ़ता जा रहा है। समाज में निरन्तर मानवीय मूल्यों का क्षरण हो रहा है जिसके फलस्वरूप स्वार्थलोलुपता, चापलूसी, भाई-भतीजावाद एवं भ्रष्टाचार को बढ़ावा मिला है। आज वैज्ञानिक प्रगति के कारण एक स्थान से दूसरे स्थान की दूरी तो कम हो गयी है किन्तु, इन्सान-इन्सान के बीच की दूरी अत्यधिक बढ़ गयी है। वर्तमान परिवेश को मैंने मुक्तक के रूप में इस प्रकार रेखांकित किया है—

"हँसता चमन अब वीरान हो रहा है।
घर, गाँव, नगर सारा श्मशान हो रहा है।
बदलाव की धारा आखिर कब रुकेगी?
आज का आदमी हैवान हो रहा है।।"

आज का आदमी अपना कब, कहाँ, किस प्रकार का स्वरूप धारण कर ले कुछ कहा नहीं जा सकता? मनुष्य के जीवन में होनेवाले निरन्तर उतार-चढ़ाव, उसके गुण, कर्म एवं चरित्र एवं निरन्तर परिवर्तन, कथनी-करनी में विषमता आदि विभिन्न विरोधाभासों के कारण मैंने इस कहानी-संग्रह का नामकरण 'गिरगिट' रखना उचित समझा, जो कि मेरे साहित्यिक मित्रों को भी अत्यन्त पसन्द आया।

मुझे अपने बाल्यकाल से ही हिन्दी साहित्य से विशेष अनुराग था, मुझे कविताएँ एवं कहानियाँ पढ़ने का बहुत शौक था, मुझे जब किसी अच्छी कहानी की पुस्तक मिल जाती थी, तो उसे पढ़ने में इतना तल्लीन हो जाता था कि उसको पूर्ण करने के पश्चात् ही उठता था। उस समय अमर चित्रकथा, तेनालीराम के किस्से, दादा-नानी की कहानियाँ, अकबर-बीरबल के लतीफे तथा विभिन्न प्रकार की बाल कहानियाँ पढ़ता रहता था। धीरे-धीरे उम्र बढ़ने के साथ मैंने मुन्शी प्रेमचन्द, चन्द्रधर शर्मा 'गुलेरी', भगवतीचरण वर्मा आदि की कहानियाँ तथा आचार्य चतुरसेन शास्त्री आदि के उपन्यास पढ़े। कालान्तर में जैसे-जैसे हिन्दी साहित्य का अध्ययन किया, विभिन्न गण्यमान्य

कहानीकारों की कहानियाँ पढ़ने का सौभाग्य मिला। विभिन्न कहानियों के अध्ययन से मैं कहानी के सम्बन्ध में इतना ही समझ सका हूँ कि–

"कहानी साहित्य की एक ऐसी विधा है जिसमें पाठक कहानी के साथ-साथ स्वयमेव चलने लगता है तथा उसका पात्रों के साथ मानसिक एवं आत्मिक तादात्म्य स्थापित हो जाता है।"

मैंने इसी भावना को दृष्टिगत रखते हुए वर्तमान परिवेश के सम्बन्ध में विभिन्न परिस्थितियों एवं विषयों, समाज एवं राष्ट्र में व्याप्त कुरीतियों तथा आस-पास के वातावरण की कुछ घटनाओं को अपनी अनुभूति, संवेदना, भावना और कल्पना की तूलिका से रचकर कहानी का स्वरूप प्रदान करने का प्रयास किया है। मैंने अपनी कहानियों में व्यक्ति एवं समाज के सकारात्मक एवं नकारात्मक दोनों पहलुओं को उद्‌घाटित करने का एक आंशिक प्रयास किया है क्योंकि मेरा मानना है कि किसी भी प्रकार की ऊर्जा की उत्पत्ति धनात्मक एवं ऋणात्मक शक्तियों के मेल से ही उत्पन्न होती है। मैंने अपनी कहानियों में वर्तमान परिवेश के यथार्थ चित्रण के साथ-साथ समाज को लीक से हटकर सोचने के लिए प्रेरित करने का भी प्रयास किया है। मेरा यह प्रयास कितना सफल सिद्ध होगा यह सब आप सभी सुधी साहित्यकारों, समीक्षकों एवं पाठकों की प्रतिक्रियाओं से ही मुझे ज्ञात हो सकेगा।

गिरगिट कहानी रूपी गुलदस्ते में मैंने विभिन्न रंग, रूप एवं आकार के बारह पुष्प सँजोये हैं जो एक वर्ष के विभिन्न बारह माह के अनुरूप भिन्न-भिन्न भाव एवं परिवेश को प्रकट करते हैं। इस गुलदस्ते में जहाँ एक ओर भावरूपी सुगन्ध, कला-सौन्दर्य एवं शब्द-लालित्य है, तो दूसरी ओर यथार्थ की भावभूमि से उपजे हुए चुभनेवाले काँटे एवं विभिन्न विसंगतियाँ हैं, जो पाठकों को भाव-विभोर करने के साथ-साथ उनके मन-मानस को आन्दोलित करेंगी, ऐसा मेरा विश्वास है।

गिरगिटरूपी गुलदस्ते का प्रथम सकंटक पुष्प *मेरा क्या कसूर?* शीर्षक से है, जिसमें एक समाज की सामान्य नारी जो कि समाज की विसंगतियों के कारण ही वेश्या बनने के लिए मजबूर हो जाती है, वह समाज के सम्मुख यही प्रश्न करती है कि आखिर मेरा क्या कसूर है? किस अपराध के लिए मुझे यह नारकीय जीवन जीना पड़ रहा है?

डोली नामक कहानी में मैंने अनाथ बच्चों में ईश्वर या खुदा के प्रतिबिम्ब को देखते हुए उनकी सेवा को सर्वोपरि बताते हुए साम्प्रदायिक सद्‌भाव को जाग्रत करने का प्रयास किया है।

नौकरानी शीर्षक कहानी में मैंने तथाकथित समाजसेवियों का पर्दाफाश करने की चेष्टा की है, जो कि पूर्णतः यथार्थ के धरातल से जुड़ी है, वहीं दूसरी ओर *बुआ जी* कहानी एक ऐसी महिला की कहानी है जिसका परिवार एवं तथाकथित समाज के

विभिन्न लोगों द्वारा पग-पग पर तिरस्कार एवं अपमान किया जाता है किन्तु, वह अकेले ही अपनी क्षमता से अपने-आपको स्थापित करती है। इस कहानी के माध्यम से मैंने महिला सशक्तीकरण की भावना को स्थापित करने का प्रयास किया है।

गुरु जी का साक्षात्कार कहानी लिखने की प्रेरणा मुझे एक ऐसी घटना से मिली जिसने मेरे मन-मानस को बुरी तरह झकझोर दिया था। समाज के बहुत बड़े धर्मोपदेशक जिनके प्रति समाज की अटूट श्रद्धा थी, उनकी जब मीडिया के द्वारा पोल-पट्टी खुली तो सारी सच्चाई समझ में आ गयी कि आज अधिकांश लोग धर्म की आड़ में कितने कुत्सित एवं घिनौने कार्य कर रहे हैं?

मैंने कहानी के क्षेत्र में एक नया प्रयोग किया है जिसे मैंने संवाद कहानी का नाम दिया है। इस कहानी-संग्रह की *प्यार बनाम विवाह* कहानी *संवाद कहानी* के रूप में ही है। इस कहानी में मैंने राजन एवं रागिनी जो कि प्रेमी एवं प्रेमिका होते हैं, उनके मध्य हुई वार्त्ता के जरिये ही कहानी के स्वरूप को गढ़ने का प्रयास किया है और इन पात्रों के मध्य हुए संवाद को मैंने संवाद कहानी के रूप में नामकरण किया है। जिस प्रकार कहानी के क्षेत्र में संवाद कहानी मेरा एक नया प्रयोग है, उसी प्रकार कविता के क्षेत्र में *गीति-नाट्य* एवं *पत्र-गीत* मेरे दो नये प्रयोग हैं।

बूढ़े लोग कहानी में मैंने पुत्रों द्वारा अपने माता-पिता के तिरस्कार की घटना का विश्लेषण किया है, वहीं *नया सवेरा* में निःसन्तान दम्पतियों को अनाथ बच्चों को गोद लेने की परम्परा को प्रोत्साहित करने का प्रयास किया है, ताकि एक ओर जहाँ निःसन्तान दम्पति को सन्तान-सुख प्राप्त हो, वहीं दूसरी ओर अनाथ बच्चे भी सहारा प्राप्त कर सकें। यदि समाज में ऐसा हो जाय तो निश्चित रूप से सामाजिक उन्नति का एक नया मार्ग खुल जायगा।

कालगर्ल शीर्षक कहानी के माध्यम से मैंने प्राइवेट कम्पनियों के मालिक एवं मैनेजर की कामलोलुप दृष्टि एवं कुत्सित मनोभावों का चित्रण करने का प्रयास किया है, जिसमें प्राइवेट फर्म में काम करनेवाली सीधी-सादी लड़की द्वारा बारम्बार प्रतिरोध करने के बावजूद उसका यौन-शोषण किया जाता है और उसे कालगर्ल बनने के लिए मजबूर कर दिया जाता है किन्तु, वही लड़की मिल मालिक के मैनेजर से किस प्रकार बदला लेती है, इसका भी बखूबी चित्रण किया है। यद्यपि मेरे कुछ मित्रों को मेरी कहानी का शीर्षक 'कालगर्ल' रखने पर एतराज था, लेकिन अधिकांश मित्रों ने मेरा हौसला बढ़ाया कि यह कहानी आपकी यथार्थ की भाव-भूमि पर लिखी गयी है। अतएव मैंने यथार्थ को दृष्टिगत रखते हुए शीर्षक का नाम भी यथावत् रखा है।

हार-जीत कहानी दहेज रूपी दानव के अत्याचार पर आधारित है जिसमें प्रेम एवं दहेज के बीच में आपसी द्वन्द्व को दर्शाने का प्रयास किया है। वहीं *जिज्ञासा* में एक नारी के मन में उपजे प्रेम के अंकुरण को प्रदर्शित करने का प्रयास किया गया है। कहानी के अन्त में *गिरगिट* नामक कहानी को रखा है जो कि वर्तमान समाज की

शिक्षित बहुओं के चरित्र में दोहरेपन को उजागर करती है, वही बहू जब अपने पति के साथ होती हैं तब उसका आचरण अलग प्रकार का होता है किन्तु पति की अनुपस्थिति में उसका व्यवहार गिरगिट की तरह बदल जाता है।

मैंने उक्त कृति की समस्त कहानियों में अपने अनुभव के अनुसार जिज्ञासा, रोचकता एवं सहजता को बनाये रखने का प्रयास किया है, ताकि पाठक कहानी के साथ-साथ गतिमान् रहे, कहीं भी उसका तादात्म्य कहानी से टूटने न पाये। यथार्थ के धरातल पर ही कहानियों को गढ़ने का यह मेरा एक आंशिक प्रयास है ताकि इनमें कोई भी कहानी एक मनगढ़त किस्सा न बनने पाये, इसीलिए मैंने इस कृति की प्रत्येक कहानी की विषयवस्तु वर्तमान समाज में घट रही घटनाओं, विसंगतियों एवं चुनौतियों से ही लिया है और उसी के अनुरूप पात्रों का चयन, उनका मनोविश्लेषण तथा घटनाक्रम के विकास करने का यथासम्भव प्रयास किया है।

उक्त कृति की अनेक कहानियों में मैंने महिला पात्रों को केन्द्र बिन्दु में रखा है किन्तु, इस कृति में मैंने यथार्थ का दामन तो नहीं छोड़ा है, परन्तु नारी पात्र को कहीं से कमजोर भी नहीं दिखाया है। मेरा मानना है कि यदि नारी चाहे तो वह अधर्म रूपी महादैत्य का बखूबी मुकाबला कर सकती है।

मेरे अनेक मित्र एवं शुभचिन्तक मुझसे यह प्रश्न करते रहते हैं कि पुलिस जैसे अत्यन्त व्यस्त विभाग, जिसमें जहाँ एक ओर दृढ़ता, साहस, सूक्ष्मदृष्टि व अत्यन्त सहृदयतापूर्ण कठोरता की आवश्यकता पड़ती है, वहीं दूसरी ओर समयाभाव भी बना रहता है। पुलिस विभाग और साहित्य-सृजन में छत्तीस का आँकड़ा है, ऐसी परिस्थितियों में साहित्य-सृजन का कार्य कैसे सम्पादित हो पाता है? मैं मित्रों एवं सुधी साहित्यकारों के इस प्रश्न पर मुस्कराकर यही उत्तर देता हूँ कि पुलिस विभाग और साहित्य में छत्तीस का आँकड़ा नहीं है, वरन् तिरसठ का सम्बन्ध है। आप लोगों को कविता या कहानी लिखने के लिए भावना, कल्पना एवं विचारों के संगम की आवश्यकता होती है। मेरे पास तो कहानी एवं कविता का नील गगन एवं गहन सागर स्वयं उपलब्ध हो जाता है। जब मेरे सम्मुख एक दुःखी, पीड़ित एवं किसी के द्वारा सताया हुआ व्यक्ति पहुँचता है, तो उसका हृदय पीड़ा से भरा होता है, वाणी मूक होती है, उसकी निस्तेज आँखों में आशा की एक चमक होती है, उसका मन-मानस अत्यन्त व्याकुल रहता है। ऐसी परिस्थितियों में ही मेरी कहानी एवं कविता का जन्म होने लगता है।

इस कृति के पूर्व मेरी दो काव्य-कृतियाँ *अभिलाषा* (छन्दबद्ध कविताओं का संग्रह) *तथा उत्तर देगा कौन?* (नयी कविताओं का संग्रह) मैसर्स आत्माराम एण्ड सन्स, नयी दिल्ली से प्रकाशित हो चुकी हैं। उक्त दोनों पुस्तकों पर जहाँ एक ओर गुरुजनों का स्नेह, आशीर्वाद एवं सलाह मिली, वहीं पाठकों का अपार प्यार एवं सुझाव प्राप्त हुए जिनका मैं हृदय से आभारी हूँ। मेरे विभिन्न साहित्यिक मित्र मुझसे प्रायः यह प्रश्न करते हैं कि आप किस विधा के कवि या कहानीकार हैं, तो मैं यही कहता हूँ कि

साहित्य को किसी खेमे या वर्ग में विभाजित नहीं करना चाहिए। वह तो एक पावन निर्झरिणी है जो प्रत्येक प्यासे व्यक्ति को तृप्ति प्रदान करती है।

यदि युग की दृष्टि से देखा जाय तो वर्ष-2001 से साहित्य के प्रत्येक क्षेत्र में क्रान्ति हो रही है, जिसके फलस्वरूप साहित्य की प्रत्येक विधा में परम्परागत लेखन के साथ-साथ नव लेखन भी प्रचुर मात्रा में हो रहा है। कहानी के क्षेत्र में भी नयी कहानी, अकहानी, संचलन कहानी, जनवादी कहानी, सक्रिय कहानी और समानान्तर कहानी आदि लिखी गयीं तथा अनवरत शोध कार्य चल रहे हैं। कविता के क्षेत्र में भी जहाँ एक ओर हिन्दी गीत, ग़ज़ल, दोहे एवं विभिन्न प्रकार के छन्दरूपी परम्परागत कवितारूपी चन्द्रमा शीतल सुवासित चाँदनी बिखेर रहा है, वहीं दूसरी ओर नयी कवितारूपी दिनकर भी अपने स्वर्णिम प्रकाश-पुञ्ज से काव्य-जगत् को आलोकित कर रहा है। इसी प्रकार नाटक, निबन्ध, लघुकथा एवं समालोचना आदि विभिन्न विधाओं में परम्परागत लेखन के साथ विभिन्न प्रकार के नये-नये सफल प्रयोग हो रहे हैं, जिनको किसी वाद या सीमा में नहीं रखा जा सकता है। मेरा मानना है कि इक्कीसवीं सदी अर्थात् वर्ष 2001 से *निर्विवाद युग* का प्रारम्भ हुआ है, जिसमें साहित्य की प्रत्येक विधा में परम्परागत लेखन के साथ-साथ नव्य लेखन हो रहा है। मेरा मानना है कि *निर्विवाद युग* जहाँ एक ओर समस्त साहित्यकारों में आपसी भाईचारा एवं समग्र साहित्य के विकास को प्रोत्साहित करेगा, वहीं दूसरी ओर वसुधैव कुटुम्बकम् की भी स्थापना होगी।

इस कृति के माध्यम से मैं अपने परम पूज्य बाबा जी श्रद्धेय राम दयाल निगम जी को हार्दिक श्रद्धाञ्जलि अर्पित करता हूँ, जिनके वटवृक्षरूपी वात्सल्य की छाँव में मेरा बहुआयामी पल्लवन हुआ तथा जिनका पग-पग पर असीम प्यार एवं अनुराग प्राप्त हुआ तथा जिन्होंने निरन्तर आगे बढ़ने की प्रेरणा प्रदान की।

मैं ईश्वरतुल्य अपने परम पूज्य परम आदरणीय पिताश्री बैजनाथ निगम एवं पूजनीया माँ परम आदरणीया श्रीमती शकुन्तला निगम के चरण-कमलों की वन्दना करता हूँ जिनकी वात्सल्यमयी छत्रच्छाया में रहकर मैं विभिन्न उपलब्धियों के साथ-साथ साहित्य-सृजन भी कर रहा हूँ। मुझे इस बात का भी गर्व है कि मेरी अर्द्धाङ्गिनी श्रीमती नीता निगम मेरे प्रशासनिक दायित्व एवं साहित्य-सेवा के पलो में परिवार के गुरुतर दायित्व का निर्वहन करते हुए मुझे अमूल्य सहयोग प्रदान कर रही हैं। मैं अपने समस्त गुरुजनों, बन्धु-बान्धवों एवं मित्रों के प्रति भी कृतज्ञता ज्ञापित करता हूँ, जिन्होंने मुझे साहित्य-सेवा हेतु सतत प्रोत्साहित किया।

'गिरगिट' कहानी-संग्रह के बारे में हिन्दी साहित्य के चर्चित हस्ताक्षर श्री नरेन्द्र कोहली जी ने जो शब्दरूपी पुष्प प्रदान किये हैं, वह मुझे आजीवन आगे बढ़ने के लिए प्रेरित करते रहेंगे। इस कृति के सम्बन्ध में मेरे गुरु प्रोफेसर हरिशंकर मिश्र (हिन्दी विभाग, लखनऊ विश्वविद्यालय), डॉ. महाश्वेता चतुर्वेदी का आशीर्वचन प्राप्त हुआ,

जिसकी ऊर्जा निरन्तर मुझे साहित्य-साधना में आगे बढ़ने के लिए प्रेरित करती रहेगी। इसके साथ ही मैं डॉ. टी. एन. शुक्ल (अध्यक्ष, मध्यप्रदेश हिन्दी साहित्य अकादमी), श्री विनोदचन्द्र पाण्डेय 'विनोद', डॉ. मोहन तिवारी आनन्द (सम्पादक : कर्मनिष्ठा भोपाल), डॉ. श्यामलाल उपाध्याय (कोलकाता), डॉ. दिनेशचन्द्र अवस्थी (उपाध्यक्ष राज्य कर्मचारी साहित्य संस्थान उ. प्र.), श्री महेशचन्द्र द्विवेदी (पूर्व पुलिस महानिदेशक उ. प्र.), श्री अशोक पाण्डेय 'अशोक' (सम्पादक : ब्रज—कुमुदेश), डॉ. मिर्जा हसन 'नासिर', डॉ. रंगनाथ मिश्र 'सत्य', डॉ. हाशमी एवं अन्य सभी साहित्यिक मित्रों एवं पाठकों का हार्दिक आभारी हूँ, जिन्होंने समय-समय पर मुझे साहित्य-सृजन के सम्बन्ध में उपयोगी सुझाव दिये।

इस कृति के पीछे मेरे विभाग के अधिकारियों, सहयोगियों, विभिन्न शुभचिन्तकों तथा विभिन्न साहित्यिक पत्र-पत्रिकाओं के सम्पादकों एवं साहित्यिक मित्रों का विशेष आग्रह रहा है कि आप अपनी स्वरचित कहानियों को एक पुस्तकाकार स्वरूप प्रदान करें। आप सबके आदेश के फलस्वरूप मैं इस कृति को एक साकार स्वरूप प्रदान कर सका हूँ। यद्यपि यह मेरा एक आंशिक प्रयास ही है, इसका उद्देश्य भी पुस्तक के पठन-पाठन से समझ में आ ही जायगा। यह कृति यदि सभी पाठकों में उन्हीं भावनाओं को जगा पाये, जिन्हें मैंने अपने रचना-काल में अनुभव किया और उन्हें कहीं रोमांचित तथा पुलकित कर सके तो मैं अपने प्रयास को सफल एवं सार्थक मानूँगा।

अन्ततः मेरी इच्छा है कि आप सभी इस कृति का अध्ययन अवश्य करें। इस कृति की विषयवस्तु, कथ्य, भाव, शिल्प, सौन्दर्य एवं लालित्य के सम्बन्ध में आपके सभी प्रकार के विचारों का मैं हृदय से स्वागत करूँगा और अपने-आपको गौरवान्वित महसूस करूँगा।

"आप सभी कुछ भी कहें, यह सबका अधिकार।
'अखिल' आपका नित मिले, प्रतिपल प्यार दुलार।।"

—अखिलेश निगम 'अखिल'

अनुक्रमणिका

•

मेरा क्या कसूर?

कार की हेडलाइट और बिजली के खम्भे की रोशनी में अचानक मृदुला की नजर सामने आती हुई एक औरत पर पड़ी।

"जरा, कार रोकिये"—मृदुला ने ड्राइवर से कहा।

"जी, मैडम।" कहते हुए ड्राइवर ने ब्रेक लगाकर कार को सड़क के बायीं ओर रोक लिया। जब तक ड्राइवर अपनी साइड का गेट खोलकर उतरता उसके पहले ही मृदुला अपनी साइड का गेट खोलकर तेजी से बाहर निकली तथा सड़क की दूसरी पटरी पर जा रही एक औरत को आवाज दी—

"हिमानी ऽ ऽ ऽ ... हिमानी ऽ ऽ ऽ!"

आवाज सुनकर उस औरत के कदम थम-से गये उसने चौंककर आती हुई आवाज की दिशा में देखा पर वह कुछ समझ न सकी और आगे बढ़ गयी।

"हिमानी ऽ ऽ ...रुको...रुको...मैं...मैं...तुम्हारी दीदी...मृदुला...!"

'दीदी' शब्द सुनकर वह औरत चौंक गयी, पैर बिलकुल थम गये, बड़े आश्चर्य से उसने आती हुई आवाज की दिशा में देखा तथा हर्ष से लपकती हुई पास आकर मृदुला के पैर छुए।

"दीदी! आप...आप...इस समय...यहाँ?" उसके चेहरे पर आनन्दमिश्रित आश्चर्य था।

"हाँ, हमारे एक साथी जज के बेटे का आज जन्म-दिन है, उसी कार्यक्रम में जा रही हूँ...लेकिन तुम यहाँ कैसे?...तुम्हारा महिला-आश्रम तो यहाँ से लगभग दस-बारह किलोमीटर दूर है।"

"हाँ दीदी, ... वहाँ से मुझे निकाल दिया गया और थक-हारकर मैं फिर वहीं पर आ गयी, जहाँ पहले थी।" हिमानी के चेहरे पर बेबसी झलक रही थी।

"क्या...?" आश्चर्य से मृदुला का मुँह खुला ही रह गया, फिर संयत होकर बोली—

"लेकिन तुम्हें महिला-आश्रम से क्यों निकाल दिया गया? मैंने अपने निर्णय में स्पष्ट आदेश दिया था कि तुम्हें वहाँ रखा जाय और स्वरोजगार का प्रशिक्षण दिया जाय।...अब क्या हुआ?" मृदुला ने बड़ी बेचैनी से पूछा।

"दीदी! यह जानकर आप क्या करेंगी...? मुझे मेरे हाल पर छोड़ दीजिये, नाली के कीड़े को बाहर निकालेंगी तो वह मर जायेगा और नाहक आपके ऊपर भी छींटे पड़ेंगे।" गहन निराशा-भरे स्वर में हिमानी ने कहा।

"नहीं, बताओ तो क्या हुआ?"

"आपके निर्णय के मुताबिक मुझे महिला-आश्रम में रख लिया गया था, किन्तु वहाँ भी बड़ी दुर्दशा थी। खूब काम लिया जाता था, भरपेट खाने को नहीं मिलता था। मेरे वहाँ पहुँचने के लगभग पन्द्रह दिन बाद महिला-आश्रम का वार्षिक समारोह हुआ। उस कार्यक्रम में मुख्य अतिथि के रूप में एक मन्त्री आये थे। कार्यक्रम के दौरान ही उनकी निगाह मुझ पर पड़ गयी। फिर क्या था, मुझे वही सब-कुछ करने के लिए आश्रम के अधिकारी दबाव देने लगे।"

"फिर क्या हुआ?" मृदुला के स्वर में सब-कुछ शीघ्र जान लेने की उत्सुकता थी।

"जब मैंने इसका पुरजोर विरोध किया तो मुझे संक्रामक रोग से पीड़ित बताकर आश्रम से बाहर कर दिया गया। उसके बाद रोजगार पाने के लिए मैंने बहुत हाथ-पैर मारे। घरेलू नौकरानी का काम करने के लिए न जाने कितने घरों की चौखट पर नाक रगड़ी। न जाने कितने देवी-देवताओं के आगे मत्था टेका कि मुझे उस नरक की दुनिया में फिर न जाना पड़े लेकिन थक-हारकर फिर यहाँ आना पड़ा।"

"क्या किसी ने घरेलू नौकरानी के रूप में काम नहीं दिया?"

"नहीं दीदी...सभी मेरे घर का पता पूछते थे और जवान होने के कारण कोई भी मुझे अपने घर में जगह देने के लिए तैयार नहीं था।...आग लग जाये मेरी इस जवानी को, जिसके कारण मुझे ये दिन देखने पड़ रहे हैं।" क्रोध में हिमानी की दोनों मुट्ठियाँ भिंच गयी थीं।

अचानक मृदुला की नजर सड़क के इर्द-गिर्द खड़ी भीड़ पर जा पड़ी। लोग आपस में खुसुर-फुसुर कर रहे थे तथा बड़े आश्चर्य से उन्हें देख रहे थे। एकाएक मृदुला को अपनी पद-प्रतिष्ठा का खयाल आ गया।

"ठीक है, हिमानी...चलती हूँ...कोई रास्ता खोजूँगी।"

"दीदी रहने दीजिये...कहाँ तक आप इस समाज को बदल पायेंगी। शायद हमारे भाग्य में यही सब-कुछ लिखा है।" यह कहते हुए हिमानी ने मृदुला के पैर छुए।

"परेशान मत हो हिमानी, मैं हूँ न...।" कहते हुए मृदुला कार में बैठ गयी और ड्राइवर को चलने का इशारा किया।

अभी कार एक फर्लांग ही आगे चली होगी अचानक मृदुला ने कहा—

"ड्राइवर! गाड़ी घुमाइये... सीधा घर चलिये।"

"पर मैडम... आपको तो सिन्हा जी के घर बर्थ-डे पार्टी में जाना है।" ड्राइवर अचकचाते हुए बोला।

''नहीं, अब मुझे वहाँ नहीं जाना है। सीधे घर चलो।'' मृदुला ने आदेश दिया।

ड्राइवर ने कार घर की ओर मोड़ दी।

घर पहुँचकर मृदुला ने ड्राइवर को अगले दिन आफिस समय पर कार लाने के लिए कह दिया। जैसे ही वह घर के अन्दर पहुँची...

''अरे! बर्थ-डे पार्टी बहुत जल्दी खत्म हो गयी... क्या खाने-पीने का कुछ प्रबन्ध नहीं था?'' राजन ने आश्चर्य से मृदुला से पूछा।

''नहीं, मैं बीच रास्ते से ही लौट आयी।''

''क्यों! क्या बात हो गयी?''

''कुछ खास नहीं... बस थोड़ा सिर-दर्द है।''

''मैंने आपको कितनी बार समझाया कि बहुत अधिक मानसिक परिश्रम मत किया करो। अकेला चना भाड़ नहीं फोड़ सकता लेकिन, आप हैं कि मानती ही नहीं।'' झुँझलाते हुए राजन ने कहा।

तभी उनका पाँच वर्ष का बेटा दौड़ता हुआ मृदुला से आकर लिपट गया।

''मम्मी... मम्मी! मेरा बर्थ-डे कब मनाओगी? मैं अपने बर्थ-डे पर ढेर-सारे गिफ्ट लूँगा और स्कूल के सभी दोस्तों को बुलाऊँगा।''

''हाँ मानस, आपका बर्थ-डे खूब धूम-धाम से मनाया जायगा।'' मृदुला ने आश्वस्त किया। उसके बाद राजन की ओर मुखातिब होते हुए कहा।

''आप और मानस दोनों भोजन कर लीजिये, मेरी इच्छा नहीं है।''

''क्यों?''

''कहा न, थोड़ा सिर भारी है।''

''आपका अक्सर सिर भारी रहता है, आखिर पैर फिर कब भारी होंगे मैडम?'' चुटकी लेते हुए राजन ने कहा।

''आपको तो हर समय मजाक ही सूझता रहता है।'' झुँझलाते हुए मृदुला ने कहा और बोझिल कदमों से अपने कमरे में चली गयी। राजन और मानस भोजन करने के पश्चात् लगभग सो गये थे। वह भी सोने के लिए बार-बार करवट बदल रही थी, लेकिन नींद उसकी पहुँच से कोसों दूर थी। रह-रहकर हिमानी का भोला चेहरा याद आ रहा था।... उस दिन सुबह कोर्ट लगी ही थी, उसने पहले मुकदमे की सुनवायी के लिए वादी एवं प्रतिवादी पक्ष को बुलाने के लिए पेशकार को आदेश दिया, उस मुकदमे में एक स्त्री और दो पुरुष अभियुक्त थे। मृदुला उस मुकदमे की फाइल पढ़ने में व्यस्त थी, अचानक! उसकी नजर अभियुक्तों पर पड़ी। पुरुषों के साथ खड़ी उस नवयौवना पर नजर टिक-सी गयी।

बर्फीले पर्वत शिखर पर प्रातःकालीन सूर्य की स्वर्णिम आभा-सी दीप्तिमान् देह... बोलती हुई नीलकमल-सी आँखें... बालारुण की तरह सम्पुष्ट ओष्ठ... काले पठार की

तरह कन्धे पर फैले हुए उन्मुक्त लम्बे घुँघराले केश... इकहरा सन्तुलित कमनीय शरीर... रूप, लावण्य एवं सौन्दर्य की साक्षात् प्रतिमा, मानो विधाता ने बड़ी फुरसत में गढ़कर पृथ्वी पर भेजा हो।

..."मी लॉर्ड...ये अभियुक्त वेश्यावृत्ति करते हुए पकड़े गये हैं।" अभियोजन पक्ष के वकील ने कहा।

"क्या...?" मृदुला अचकचा-सी गयी।

"जी, ये सभी वेश्यावृत्ति करते हुए पकड़े गये हैं और यह औरत शहर की बहुत नामी वेश्या है।"

मृदुला को ऐसा लगा मानो किसी ने गर्म पिघले हुए शीशे को दोनों कानों में उँड़ेल दिया हो और वह शीशा शरीर की नस-नस में समाता जा रहा हो तथा वह उस लावे में बुरी तरह झुलसी जा रही थी। उसे ऐसा लगा कि इस सौन्दर्य की प्रतिमा का यह बहुत बड़ा अपमान है। ऐसा कदापि नहीं हो सकता।

"ठीक है। गवाह पेश कीजिये।" मृदुला ने स्वयं को संयत करते हुए कहा।

न्यायालय में पुलिस बल के निरीक्षक, उपनिरीक्षक एवं आरक्षीगण उपस्थित हुए।

"मी लॉर्ड...मैं उस दिन कोतवाली क्षेत्र में रात्रि-गश्त पर था। मुखबिर से सूचना प्राप्त होने पर अपने दल-बल के साथ शहर के चौक क्षेत्र में दबिश दी, वहाँ पर वेश्यावृत्ति करते हुए इन लोगों को रंगे हाथ पकड़ा गया है। रात्रि होने के कारण कोई गवाह मिल न सका।" इन्स्पेक्टर कोतवाली ने बयान दिया।

पुलिस बल के अन्य सदस्यों ने भी बारी-बारी घटना का समर्थन किया।

"ठीक है। अभियुक्तों के बयान कराये जायँ।" कटघरे में उस स्त्री को लाकर खड़ा किया गया।

"तुम्हारा नाम क्या है?" मृदुला ने पूछा।

"हिमानी।"

"तुम्हें यह सब करने की क्या आवश्यकता पड़ गयी?"

वह निरपेक्ष भाव से मृदुला को एकटक देखते हुए मौन रही।

"ईश्वर ने तुम्हें सौन्दर्य की देवी बनाकर धरती पर भेजा है और तुम इस निन्दनीय एवं घृणित कार्य में लिप्त हो, ऐसा क्यों?" मृदुला ने प्रश्न किया।

उसके चेहरे पर अनेकानेक भाव आये पर वह मौन रही।

"तुम कोई जवाब क्यों नहीं देती खुलकर बताइये। तुम्हारे साथ पूरा न्याय किया जायगा।"

"दीदी! यह रूप... यह सुन्दरता ही मेरी सबसे बड़ी दुश्मन बन गयी है।... काश! मैं दुनिया की सबसे बदसूरत औरत होती तो... कम-से-कम मुझे ये दिन न देखने पड़ते।" कहते हुए वह फफककर रो पड़ी।

'दीदी' शब्द सुनकर मृदुला का अन्तर्मन झनझना उठा। उसे ऐसा लगा जैसे उसकी छोटी बहन उसे पुकार रही हो। अपने को संयत करते हुए बोली... "तुम्हें अपने बचाव में क्या कहना है?"

उसने रुँधे हुए कण्ठ से कहा, "दीदी... यदि आप वास्तव में मुझे न्याय दिलाना चाहती हैं तो मुझे जेल में ही रहने का आदेश दे दीजिये...कम-से-कम बाहर नरक की जिन्दगी से... मुक्त...तो... रहूँगी।" कहते-कहते उसका गला भर आया था। मृदुला एकटक उसके चेहरे पर चढ़ते-उतरते भावों को देखती रही।

हिमानी के साथ पकड़े गये दोनों पुरुषों ने अपने बयान में जुर्म से इन्कार किया, उनके बचाव पक्ष के वकील ने लम्बी बहस की तथा उन दोनों को जमानत पर छोड़ने के लिए तर्क प्रस्तुत किये। अभियोजन एवं बचाव पक्ष की दलीलें सुनने के बाद मृदुला ने मुकदमा सुनवायी की अगली तारीख दे दी। इसके बाद वह अपने विश्रामकक्ष में चली गयीं तथा उन्होंने अपने पेशकार को आदेश दिया कि वह हिमानी को विश्रामकक्ष में बुला लाये।

"पर मैडम,... वह वेश्या है, क्या उसे चैम्बर में बुलाना उचित होगा?" पेशकार की पेशानी में बल पड़ गये।

"क्या वह इन्सान नहीं है?... जानवर है? या उससे अपराध की पृष्ठभूमि की जानकारी करना मेरा कर्त्तव्य नहीं है।"

पेशकार निरुत्तर हो गया। घबराते हुए हिमानी ने कक्ष में प्रवेश किया।

"आओ हिमानी, घबराओ नहीं... मैं तुम्हारे बारे में जानना चाहती हूँ।"

"...जी" वह सहम-सी गयी।

"बताओ, तुम इस धन्धे में क्यों आयी? क्या तुम्हारे परिवारवालों ने विरोध नहीं किया?"

"दीदी, मैं बचपन से अनाथ थी। मेरी माँ मुझे जन्म देने के दूसरे दिन ही स्वर्ग सिधार गयी तथा पाँच वर्ष की अवस्था में ही मेरे पिता जी कैन्सर रोग में चल बसे। मेरे चाचा जी ने ही मेरा पालन-पोषण किया। उनके कोई सन्तान नहीं थी। चाची जी भी कई वर्ष पहले ही मर चुकी थी।"

"क्या घर में खेती आदि नहीं थी, कैसे तुम्हारा लालन-पालन हुआ?" यह कहते हुए मृदुला ने उसे सामने पड़ी कुर्सी पर बैठने का इशारा किया, पर वह खड़ी रही तथा अपराध-बोध से ग्रसित होकर कहा... "नहीं दीदी!... मैं आपके सामने बैठ नहीं सकती।... मैं तो इतनी गन्दी हूँ कि आपके सामने खड़ी होने के लायक भी नहीं हूँ।"

"अरे, ऐसी बात नहीं... ठीक है अपने बारे में और बताओ।" मृदुला ने उत्सुकता प्रकट की।

"मेरे चाचा जी एवं पिता जी की थोड़ी-सी जमीन थी किन्तु गाँव के दबंग लोगों ने उस पर कब्जा कर लिया था। चाचा जी ने मजदूरी करके ही हम लोगों का पालन-पोषण किया है।"

"क्या तुम कुछ पढ़ी-लिखी भी हो?"

"हाँ दीदी, मेरे गाँव से दो किलोमीटर दूर सरकारी स्कूल था, जिसमें मैं कक्षा आठ तक पढ़ी हूँ।"

"फिर शहर कैसे आना हुआ?"

"जब मैं लगभग पन्द्रह वर्ष की थी, तब एक दिन हमारे गाँव में दो पुरुष एवं दो महिलाएँ आयी थीं। उन लोगों ने गाँव की लड़कियों को सरकारी एवं प्राइवेट अस्पताल में नर्स की नौकरी का झाँसा दिया, चूँकि हमारे घर में खाने-पीने की तंगी थी और मैं पैसा कमाने के लिए छोटी-मोटी नौकरी करना चाहती थी। नर्स की नौकरी के लिए आस-पास के गाँवों की दस-बारह लड़कियाँ भी तैयार हो गयी थीं। मैं भी चाचा से जिद करके उन सबके साथ शहर आ गयी।" यह कहकर वह मौन हो गयी।

"इसके पश्चात् क्या हुआ?" मृदुला ने पूछा।

शहर में इन लोगों ने सभी लड़कियों को लगभग एक माह तक नृत्य का प्रशिक्षण दिलाया और यह कहकर आश्वस्त किया गया कि कई फिल्मों के डाइरेक्टरों से भी बात हो गयी है, नर्स की नौकरी के साथ-साथ फिल्मों में भी काम दिया जायेगा। इसके लिए नृत्य एवं अभिनय का प्रशिक्षण आवश्यक है। सभी लड़कियाँ बहुत खुश थीं कि चलो इसी बहाने फिल्मों में भी काम करने का अवसर मिलेगा।"

"फिर क्या हुआ?" एकाएक मृदुला की जिज्ञासा और बढ़ गयी।

"लगभग एक महीने बाद हम सबको यह कहकर अलग-अलग ले जाया गया कि फिल्म के डाइरेक्टर से बात करनी है और रात्रि के लगभग ग्यारह बजे गाड़ी से शहर के सुनसान मुहल्ले में ले जाया गया, वहाँ के लोग मुझे बड़ी गन्दी नजरों से देख रहे थे, कुछ नशे में झूम रहे थे। वहाँ का माहौल बड़ा अजीब-सा लगा। मुझे अन्दर-ही-अन्दर बड़ा भय लग रहा था, जो महिला मुझे अपने साथ लायी थी, मैंने उससे वहाँ से वापस चलने के लिए कहा तो वह बोली कि हम आज रात्रि यहाँ विश्राम करेंगे, कल सुबह फिल्म के डाइरेक्टर से मिलने चलेंगे, वे कहीं बाहर गये हुए हैं। वहीं मेरे साथ हादसा हुआ।"

"कैसा हादसा?" मृदुला का अन्तर्मन काँप उठा।

"मुझे रात्रि के भोजन के बाद एक गिलास दूध दिया गया। उसमें कोई नशीली वस्तु मिली थी। उसके बाद मुझे कुछ भी होश नहीं रहा। सुबह जब मेरी नींद खुली तो मैंने अपने-आपको पूर्णतया निर्वस्त्र पाया और मेरी इज्जत लुट चुकी थी।"

"फिर तुमने क्या किया?"

"जो पुरुष और महिलाएँ हमें लायी थीं वे सब मुझे छोड़कर जा चुके थे। वहाँ के लोग मुझे शारीरिक एवं मानसिक प्रताड़ना देने लगे। इसके पश्चात् प्रत्येक रात्रि को मेरे शारीरिक उत्पीड़न की कहानी दुहरायी जाने लगी। न जाने कहाँ-कहाँ से नये-नये लोग आते थे।"

"कभी तुमने वहाँ से भागने का प्रयास नहीं किया?"

"पहली रात में ही मेरी बेहोशी की स्थिति में मेरी अश्लील वीडियो सी.डी. तैयार कर ली गयी थी और मेरे नग्न फोटोग्राफ भी लिये गये थे। जब-जब मैंने विरोध किया उन लोगों ने वह सी.डी. और फोटोग्राफ दिखाकर धमकी दी कि यह सी.डी. और फोटोग्राफ तुम्हारे गाँव भेज दिये जायेंगे। वहाँ तुम्हारी और तुम्हारे चाचा की बहुत बदनामी होगी और गाँव में भी तुम्हें कोई रहने नहीं देगा। इस पर मैं बहुत घबरा जाती। एक रात मैं वहाँ से भाग निकली, किन्तु रेलवे स्टेशन के पास मुझे इन लोगों ने पकड़ लिया और कमरे में बन्द कर बड़ी पिटाई की। कई दिन भूखा भी रखा।" यह कहते हुए हिमानी काँप-सी गयी।

"ठीक है। मैं तुम्हें न्याय दिलाऊँगी।" आश्वस्त करते हुए मृदुला ने कहा।

"दीदी! मुझे अपनी रिहाई नहीं सजा चाहिए। मुझे जेल में ही रहने दीजिये। कम-से-कम उस नरक से मुक्ति तो मिल जायेगी... मैं दोबारा उस नरक में नहीं जाना चाहती।" हिमानी की आँखों से अश्रुधारा बह रही थी।

"घबराओ नहीं हिमानी। तुमने मुझे अपनी बड़ी बहन माना है। तुम्हारे साथ पूरा न्याय होगा।" मृदुला ने निश्चयात्मक स्वर में कहा।

"दीदी! मुझे आप पर पूर्ण विश्वास है।" यह कहते हुए उसने मृदुला के पैर पकड़ लिये और फफककर रो पड़ी, गला रुँध गया था, आँसुओं की झड़ी लग गयी थी, उसकी आँखों से टप-टप झरते हुए गर्म आँसू मृदुला के पैरों पर गिर रहे थे, जिससे मृदुला के अन्तर्मन में सिहरन-सी हो रही थी। मृदुला ने उसे उठाकर ढाढ़स बँधाया और बोली—"जाओ हिमानी, मैं तुम्हें इस नरक से मुक्त करूँगी।"

अश्रुपूर्ण आनन्द के साथ हिमानी कमरे से बाहर चली गयी।

इस मुकदमे की अगली सुनवायी पर हॉल खचाखच भरा हुआ था। सभी को निर्णय की प्रतीक्षा थी। अभियोजन एवं बचाव पक्ष के वकील, पत्रकार तथा शहर के गण्यमान्य लोग उपस्थित थे। अभियोजन पक्ष के साथ-साथ अनेक समाज-सेवी संगठन के कर्त्ता-धर्त्ता भी इस मामले में हिमानी को कठोर सजा दिये जाने के पक्ष में थे। शहर के एक प्रसिद्ध समाज-सेवी संगठन के अध्यक्ष ने कहा—

"मी लॉर्ड, इस वेश्या और इनके साथियों ने बहुत बड़ा सामाजिक अपराध किया है। शहर का वातावरण दूषित हो गया है, मेरी यही प्रार्थना है कि इन्हें कठोर-से-कठोर सजा मिलनी चाहिए।"

''आप ठीक कहते हैं महानुभाव, किन्तु यदि यह आपकी बेटी या बहन होती तो आप क्या करते?'' मृदुला ने प्रश्न किया।

''हमारे संस्कार इतने गिरे हुए नहीं हैं।'' वह सज्जन बौखला-से गये।

''मेरा मानना है कि यह सम्पूर्ण समाज की बेटी और बहन है। सामाजिक अव्यवस्था, गरीबी, लाचारी और वासनात्मक प्रवृत्ति ही एक मासूम लड़की को वेश्या बना देती है... जिसके लिए हम सभी जिम्मेदार हैं।... हिमानी, तुम्हीं अपनी व्यथा-कथा सबके सामने बताओ।'' मृदुला ने हिमानी को आदेश दिया।

हिमानी कोर्ट के कटघरे में खड़ी हो गयी। उसकी एक दृष्टि हॉल में उपस्थित लोगों पर पड़ी। उसे ऐसा अनुभव हुआ कि जैसे उसका सम्पूर्ण शरीर उपस्थित लोगों के वासनात्मक बाणों से बिंधकर शरशय्या बन गया हो, हॉल में उपस्थित लोग उसे ललचायी दृष्टि से देख रहे थे। अधिकांश सफेदपोश लोगों को उसने अपने मुहल्ले में घूमते हुए देखा था। उनमें से कई व्यक्तियों ने उसके शरीर का उपभोग भी किया था।

हिमानी ने सिलसिलेवार अपनी आप-बीती कोर्ट में सुनाया। मृदुला ने उसके द्वारा बतायी गयी कहानी को उसके बयान में रिकार्ड करने हेतु पेशकार को निर्देशित कर दिया। उसकी कहानी सुनकर हॉल में सन्नाटा पसर गया। जो लोग कठोर दण्ड देने की पैरवी कर रहे थे, वे अपराध-बोध से नतमस्तक थे।

मुकदमे की सुनवायी के पश्चात् मृदुला ने अपना निर्णय सुनाया–

''मौखिक एवं अभिलेखीय साक्ष्यों के परिशीलन से यह स्पष्ट होता है कि हिमानी ने जान-बूझकर वेश्यावृत्ति नहीं अपनायी वरन् समाज ने स्वयं उसका शारीरिक एवं मानसिक शोषण कर उसे नरक की जिन्दगी जीने के लिए मजबूर कर दिया। उसे जेल की यातना देने या फिर उन्हीं अँधेरी नरक की गलियों में जीवनयापन करने के लिए छोड़ देने पर हिमानी के साथ न्याय नहीं हो सकेगा। अतः मैं आदेश देती हूँ कि उसे शहर के सबसे बड़े गीताञ्जलि महिला-आश्रम में रखा जाय तथा उसे स्वरोजगार एवं कुटीर उद्योग का प्रशिक्षण दिया जाय ताकि वह स्वावलम्बी बनकर अपना शेष जीवन जी सके तथा वेश्यावृत्ति में लिप्त दोनों व्यक्तियों को बीस-बीस हजार रुपये के अर्थदण्ड से दण्डित किया जाता है, अर्थदण्ड की यह धनराशि गीताञ्जलि महिला-आश्रम को प्रदत्त की जायगी, ताकि नारी-उत्थान के प्रयासों को बल मिल सके।''

इस अनूठे निर्णय पर सम्पूर्ण हॉल करतल ध्वनि से गूँज उठा था। हिमानी ने हाथ जोड़कर उसका तथा ईश्वर का आभार प्रकट किया। वह भाव-विह्वल थी, उसकी आँखों से खुशी के आँसू झर रहे थे।

अगले दिन उसके द्वारा दिये गये निर्णय को दैनिक समाचार-पत्रों ने प्रमुखता से छापा था तथा इसे एक ऐतिहासिक निर्णय बताया था। जिला न्यायाधीश एवं अन्य साथी न्यायाधीशों ने भी उसे इस निर्णय पर बधाई दी थी।

अचानक मृदुला काँप-सी गयी। आज सड़क किनारे मिली हिमानी का निराश निस्तेज चेहरा... बोझिल आँखें... उसका व्यथित स्वर याद आ गया। ऐसा लगा कि उसका सारा परिश्रम व्यर्थ हो गया। इसी उधेड़बुन में उसे हलकी-सी झपकी आ गयी। तभी...।

आज उसे एक महत्त्वपूर्ण मुकदमे की सुनवायी में न्यायालय जल्दी पहुँचना था, लेकिन काफी देर हो चुकी थी। जब वह न्यायालय पहुँची तो देखा कि न्यायाधीश की कुर्सी पर हिमानी बैठी हुई है। यह देखकर मृदुला हड़बड़ा-सी गयी। हिमानी ने उससे प्रश्न किया—

"दीदी! बताओ मेरा क्या कसूर है? आपका समाज, आपका ईश्वर और आप सब मुझे किस अपराध की सजा दे रहे हैं?"

मृदुला कोर्ट के कटघरे में अवाक्-सी खड़ी थी।

"बोलो न दीदी... मेरा क्या कसूर है?... मेरा क्या कसूर है?"

मृदुला को एकाएक ऐसा लगा जैसे उसकी साँस रुक रही हो। उसकी झपकी टूट गयी। वह बदहवास-सी उठ बैठी, सम्पूर्ण देह पसीने से लथपथ थी, दिल की धड़कन एकदम से बढ़ गयी थी। उसके मन-मस्तिष्क में हिमानी द्वारा स्वप्न में किया गया प्रश्न ज्वालामुखी की तरह धधक रहा था...।

●

डोली

समाचार-पत्र पढ़ने-पढ़ते अचानक उसकी दृष्टि उस खबर पर जा टिकी जिसका शीर्षक था 'अब कौन उठायेगा डोली'? उत्सुकतावश चार कालम की उस खबर को वह एकबारगी आद्योपान्त पढ़ गया।

खबर पढ़कर वह अन्दर तक सिहर गया। समाचार की संवेदना ने उसे पुनः पढ़ने के लिए बाध्य कर दिया, उस समाचार ने उसके अन्तर्मन को झकझोरकर रख दिया था, उसके मन-मस्तिष्क में धर्म, भाग्य, कर्म और ईश्वर के सम्बन्ध में अनेकानेक विचार-लहरियाँ उठ रही थीं और वह समझ नहीं पा रहा था कि ईश्वर निर्धन, असहाय और बेसहारा लोगों को ही क्यों मारता है? उसकी ही परीक्षा क्यों लेता है? इसी चिन्तन-मनन में वह काफी देर बैठा रहा। अचानक...

"साहब! नाश्ता तैयार है... अरे! अभी तक आपने नहाया भी नहीं!"...फालोवर रामसिंह बोला।

"अरे!"... अचानक वह चौंक पड़ा, उसकी दृष्टि दीवाल घड़ी पर जा पड़ी, जो 9.40 का समय बता रही थी। वह फटाफट तौलिया व अपने कपड़े लेकर बाथरूम में घुस गया। थोड़ी ही देर में नहाकर बाहर निकल आया। अन्यमनस्क स्थिति के कारण पूजा करने की जरा-सी भी इच्छा नहीं हुई और तुरन्त ही आफिस जाने के लिए कपड़े पहनकर नाश्ते की मेज पर आ बैठा। मेज पर फालोवर ने पूरा नाश्ता लगा दिया था। उसने नाश्ते के लिए जैसे ही प्लेट उठायी, मन में अजीब-से भाव उठने लगे, उसकी नाश्ता करने की हिम्मत ही नहीं पड़ रही थी, जैसे-तैसे उसने दो-चार कौर बड़ी मुश्किल से निगले और प्लेट वहीं मेज पर रख दी साथ ही उठ खड़ा हुआ।

"अरे साहब, आपने तो कुछ खाया भी नहीं...ऐसी भी जल्दी क्या है?" रामसिंह बोला।

"बस, आज कुछ इच्छा नहीं है।"

"क्या तबीयत ठीक है?"

"हाँ, रामसिंह तबीयत तो ठीक है, जरा जल्दी है, दोपहर में भरपूर भोजन कर लूँगा।" बात टालते हुए उसने कहा।

"ठीक है, साहब!"

वह अपनी डायरी और फाइल लेकर गाड़ी में बैठ गया, साथ में उसने आज का वह अखबार भी रख लिया था, जिसकी खबर ने उसे मर्माहत कर दिया था। रास्ते भर वह इसी उधेड़बुन में था कि पुलिस विभाग में अपर पुलिस अधीक्षक के रूप में कार्य करते हुए भी ऐसी परिस्थिति में वह क्या कर सकता है? वह इतने उच्च पद पर कार्य करते हुए भी इतना असहाय है? इस समस्या के समाधान हेतु यदि वह खुद कदम उठाता है तो विभाग और समाज क्या कहेगा? कितना सहयोग देगा? यह विचार-लहरियाँ उसके अन्तर्मन को मथ रही थीं।

अचानक गाड़ी रुकी, गनर ने गाड़ी का गेट खोलते हुए कहा—

"आइये, उतरिये सर!"

"अच्छा!" चौंकते हुए बोला!

गाड़ी से उतरकर अपने कक्ष में जाकर बैठ गया और स्टेनो से डाक फोल्डर मँगवाकर उसका अध्ययन कर अधिकारी/कार्मिकों सम्बन्धित डाक को मार्क करने लगा।

उसकी जनपद सन्तकबीरनगर में तीन माह पूर्व ही अपर पुलिस अधीक्षक के रूप में नियुक्ति हुई थी, उसने अपनी कार्यशैली एवं व्यवहार से आम-जनमानस में अलग ही पहचान बना ली थी, उसकी संवेदनशीलता एवं सहानुभूतिपूर्ण व्यवहार की हर ओर चर्चा थी। कार्यालय में जनता के व्यक्ति अपनी-अपनी समस्या लेकर बारी-बारी आ रहे थे, राजेश उनकी समस्याओं को सुनकर उनके निदान हेतु सम्बन्धित कार्मिकों को उचित दिशा-निर्देश देने लगा तथा उनके प्रार्थना-पत्रों को सम्बन्धित स्टाफ को मार्क करने लगा।

तभी राष्ट्रीय सहारा समाचार-पत्र के जिला ब्यूरो चीफ पवन कुमार अपने सहयोगी के साथ कक्ष में प्रवेश किया।

"नमस्ते सर।"

"नमस्कार, पवन जी, आइये—आइये बैठिये।" सामने पड़ी कुर्सियों की ओर इशारा करते हुए उसने कहा।

"धन्यवाद सर।" कहते हुए पवन कुर्सी पर बैठ गये।

"आज आपने समाचार-पत्र में बड़ी मार्मिक खबर का कवरेज किया, जिसके लिए आप और आपके सहयोगी बधाई के पात्र हैं?"

"कौन-सी खबर?" प्रश्नसूचक मुद्रा में पवन ने कहा।

"अरे, वही खबर जिसका शीर्षक है, 'अब कौन उठायेगा डोली?' जिसमें आपने दो अनाथ बहनों का जिक्र किया है जिसमें एक लड़की का निकाह एक सप्ताह बाद ही है और दो दिन पूर्व उसका अकेला भाई जामुन के पेड़ से गिरकर मर गया है।"

"अच्छा!... पर यह बताइये एडिशनल साहब, उस खबर का पुलिस विभाग से तो कुछ लेना-देना नहीं है। आपकी नजर उस खबर पर कैसे पड़ गयी?" व्यंग्य करते हुए पवन ने कहा।

"क्यों?... क्या मैं इन्सान नहीं हूँ? विभागीय कार्यों के अतिरिक्त कुछ लिखना-पढ़ना क्या कोई अपराध है?" उसी शैली में उसने जवाब देते हुए कहा।

"नहीं, ऐसी बात नहीं है, पर आमतौर पर पुलिसवालों की निगाह चोर-सिपाही और कानून-व्यवस्था से ऊपर कहाँ जाती है?" पुनः कटाक्ष करते हुए पवन ने कहा।

यह सुनकर कक्ष में उपस्थित लोग हँस पड़े।

"पर मित्रवर, यह तो मीडिया का ही खेल है, जिसने आम जनता का जायका बिगाड़कर रख दिया है। नेता, अधिकारी, अपराध, क्रिकेट, सिनेमा और सनसनीखेज खबरों से आज के अखबार भरे रहते हैं, बाकी रही-सही कसर विज्ञापन पूरी कर देते हैं। आम जनता की समस्याएँ कहाँ आ पाती हैं?"

"बिलकुल सही फरमाया... मैं आपसे पूर्णतः सहमत हूँ, इसके लिए हम सभी दोषी हैं।"

"लेकिन आपने इस खबर को चार कालम में लिखकर जनता की संवेदना को जागृत करने का प्रयास किया है।" सराहना करते हुए राजेश ने कहा।

"लेकिन क्या होगा। आज का अखबार कल रद्दी में तब्दील हो जायेगा और समस्या वहीं-की-वहीं रह जायेगी।" निराशा-भरे स्वर में पवन बोला।

"हाँ, यह बात तो है, पर अनाथ लड़कियाँ तो अनाथ ही रह जायेंगी।"

"हाँ, बस एकाध दिन चर्चा होगी, फिर टाँय-टाँय फिस्स...।"

"क्या इस दिशा में कुछ किया जा सकता है?" उसने पवन से पूछा।

"अरे, यह संवेदनहीन समाज है जो कोरे आश्वासन और वायदों पर चल रहा है। हर एक व्यक्ति अपनी मनचाही दिशा में फुल स्पीड से भागा जा रहा है, किसी को एक-दूसरे के बारे में सोचने का समय ही कहाँ है?"

तभी चार-पाँच व्यक्तियों ने कक्ष में प्रवेश किया और उन्होंने अपना सम्मिलित प्रार्थना-पत्र देते हुए सुरक्षा की माँग की।

"हाँ, बतायें, क्या समस्या है?" प्रार्थना-पत्र का अध्ययन करते हुए राजेश ने कहा।

"सर, लगभग दस दिन के पश्चात् बारावफात का त्योहार है, जिसमें इस वर्ष बखिरा कस्बे में एक बहुत बड़ी मजलिस का आयोजन किया जा रहा है, जिसमें दूर-दूर के उलेमा अपनी-अपनी तकरीर करेंगे। उस कार्यक्रम में सुरक्षा-व्यवस्था हेतु आपसे अर्ज करने आये हैं।"

"ठीक है, आप सभी बैठिये और इस प्रार्थना-पत्र के पीछे कार्यक्रम की रूपरेखा, तिथि व समय आदि अंकित करें ताकि समुचित सुरक्षा-व्यवस्था की जा सके।" प्रार्थना-पत्र वापस देते हुए राजेश ने कहा।

इसके पश्चात् उसने कालबेल बजाकर पेशकार को बुलाया तथा जनता के शेष व्यक्तियों को बारी-बारी से बुलाने का आदेश दिया।

"सर नमस्ते, मेरा नाम सुरेन्द्र है, मैं बखिरा ब्लाक का ब्लाक प्रमुख हूँ और ब्लाक ग्राम प्रधान संघ का अध्यक्ष भी हूँ।" कक्ष में प्रवेश करते हुए नवागन्तुक ने कहा।

"नमस्कार, आइये...बैठिये, बताइये क्या समस्या है?"

"सर, मैं रिवाल्वर लेना चाहता हूँ, जिसका आवेदन-पत्र जिलाधिकारी कार्यालय में दिया था, जो जाँच हेतु थाने से आपके कार्यालय में आ गया है, उसकी संस्तुति हेतु आपसे अनुरोध करने आया हूँ।"

"ठीक है प्रमुख जी, मैं अभी उक्त आवेदन-पत्र को देख लेता हूँ... (जरा ठहरकर) ... क्यों प्रमुख जी! जरा यह बताइये कि क्या भगौतीपुर गाँव आपके ब्लाक में ही पड़ता है?"

"हाँ सर, वह बखिरा ब्लाक में ही पड़ता है, बतायें क्या बात है?"

"उस गाँव का ग्राम प्रधान कौन है?"

"उस गाँव के ग्राम प्रधान श्री वीरेन्द्र यादव हैं, और वह मेरे मित्र भी हैं।"

"क्या, उनका कोई टेलीफोन नम्बर है?"

"जी हाँ, उनका मोबाइल नम्बर भी मेरे पास है।"

"जरा उनसे मेरी बात कराइये।"

"ठीक है।" कहते हुए ब्लाक प्रमुख ने अपना मोबाइल निकालकर श्री वीरेन्द्र यादव का नम्बर मिलाकर मोबाइल पर अपर पुलिस अधीक्षक का परिचय देकर मोबाइल राजेश की ओर बढ़ा दिया। राजेश ने मोबाइल का लाउडस्पीकर ऑन कर दिया।

"नमस्ते सर।" मोबाइल से आवाज गूँजी।

"नमस्ते, प्रधान जी।"

"बतायें, हमारे लिये क्या आदेश है?"

"प्रधान जी, जरा यह बतायें कि क्या दो दिन पूर्व आपके गाँव में एक लड़का जामुन के पेड़ से गिरकर मर गया था?"

"जी हाँ, एक नफीस नाम का लड़का था, जिसकी उम्र सत्रह-अठारह वर्ष की थी, वह पेड़ पर जामुन तोड़ने चढ़ा था, डाल टूट जाने से गिर गया था, जिससे उसका सिर फट गया था। जब तक हम लोग उसे अस्पताल ले जाते, उसने रास्ते में ही दम तोड़ दिया।" मोबाइल से आवाज गूँजी।

"सुना है, उसकी दो बहनें भी हैं, जिसमें से एक का निकाह एक सप्ताह बाद ही होनेवाला है।"

"जी सर, नफीस की दो बहनें हैं, जरीना और करीना जिसमें जरीना का निकाह इसी माह की तीस तारीख को होनेवाला है।"

‘‘इन दो लड़कियों के परिवार में और कौन-कौन हैं?’’

‘‘इनका अब कोई नहीं है, इनके माता-पिता की इनके बचपन में ही मृत्यु हो गयी थी और इनके एक ही चाचा थे, जो आठ-दस वर्ष पूर्व ही अपने परिवार के साथ कहीं चले गये थे।’’

‘‘क्या उनका कोई पता है?’’

‘‘नहीं, उनका कोई पता नहीं है, क्योंकि नफीस की मृत्यु के बाद मैंने स्वयं जरीना से चाचा को बुलाने के लिए उनका पता पूछा था, लेकिन उसके पास उनका कोई पता नहीं है।’’

‘‘अब आपका क्या विचार है?’’

‘‘जी! मैं कुछ समझा नहीं।’’

‘‘आप उस गाँव के ग्राम प्रधान हैं, वहाँ के मुखिया हैं, इन दोनों बच्चियों के सम्बन्ध में आपने क्या विचार किया है?’’

‘‘जी, अभी तक मैंने कुछ सोचा नहीं है।’’

‘‘मेरे विचार से यह दोनों बच्चियाँ अब पूरे गाँव की बच्चियाँ हैं, इनका भविष्य आप लोगों के हाथ में है, अब आप लोगों को ही इस विषय पर चिन्तन-मनन करना होगा।’’

‘‘जी, मैंने नफीस के कफन-दफन में एक हजार रुपये से अधिक खर्च किया है।’’

‘‘वह पैसा तो नफीस के साथ ही भस्मीभूत हो गया, अब जरीना का क्या भविष्य होगा? उसका एक सप्ताह बाद ही निकाह होनेवाला है।’’

‘‘जी!... ।’’

‘‘अगर निकाहवाले दिन बारात की समुचित आवभगत न हो सकी, और बारात बैरंग लौट गयी तो क्या होगा...?’’

मोबाइल से आवाज नहीं आयी।

‘‘मैं बताता हूँ कि क्या होगा, जरीना कुँवारी रह जायेगी, उसके पास आमदनी का कोई जरिया भी नहीं है, धीरे-धीरे गाँव के लोग ही उसका शारीरिक शोषण करेंगे और कुछ समय पश्चात् ही जरीना आपके गाँव की नामी-गिरामी वेश्या के रूप में तब्दील हो जायेगी और आपके ग्राम का नाम रोशन करेगी और कुछ समय पश्चात् उसकी छोटी बहन करीना भी अपनी बड़ी बहन के नक्शे-कदम पर होगी।’’

‘‘जी...बताइये मैं क्या करूँ?’’...मोबाइल से काँपती हुई आवाज सुनायी दी।

‘‘मेरा मानना है कि यह दोनों गाँव की बेटियाँ हैं और सम्पूर्ण ग्रामवासियों को इनकी जिम्मेदारी लेनी होगी, सबसे पहले जरीना के विवाह की व्यवस्था करनी होगी, ग्राम प्रधान होने के नाते आपको आगे आना पड़ेगा।’’

‘‘जी, आप जैसा बतायें, मैं करने को तैयार हूँ।’’

''ठीक है, आप कल गाँव के दो-तीन सम्भ्रान्त लोगों के साथ सायंकाल हमारे आवास पर आइयेगा तथा दोनों बच्चियों को भी साथ लाइयेगा, वहीं पर विचार-विमर्श होगा।''

यह कहकर राजेश ने मोबाइल ब्लाक प्रमुख को थमा दिया।

''महोदय, आपका यह बहुत ही उत्तम विचार है, अगर इसको अमलीजामा पहना दिया जाय, तो वास्तव में एक महान् पुण्य कार्य होगा।'' ब्लाक प्रमुख ने कहा।

''हाँ, तो बताइये सिंह साहब, इस पुण्य कार्य में आपकी क्या भागीदारी रहेगी?''

इस प्रश्न पर सुरेन्द्र सिंह हड़बड़ा गये, उन्हें इस प्रश्न की आशा ही नहीं थी। हड़बड़ाहट में वह कुछ बोल न सके। इस पर राजेश ने पुनः कहा—

''हाँ, प्रमुख जी, यह आपके ब्लाक का मामला है, दोनों अनाथ बच्चियाँ आपके ब्लाक के गाँव की हैं, इस पर तो आपको आगे आना चाहिए, और इस शुभ कार्य को अपने हाथ में लेना चाहिए।''

''बिलकुल सर, आप जो बतायें, मैं करने के लिए तैयार हूँ।'' अपने को संयत करते हुए सुरेन्द्र सिंह ने कहा।

''इसमें मुझे क्या बताना...मेरे विचार से इस कार्य में आप अपने ब्लाक के सभी ग्राम प्रधानों का सहयोग लीजिये। थोड़ा-थोड़ा भी चन्दा एकत्रित होगा, तो पर्याप्त धनराशि हो जायेगी।''

''सर, मैं तो अपनी ओर से कुछ भी करने को तैयार हूँ, लेकिन सभी ग्राम प्रधानों से इस सम्बन्ध में चन्दा लेना मेरे लिये सम्भव न हो सकेगा।'' हड़बड़ाहट में सुरेन्द्र सिंह बोले।

''क्यों सम्भव नहीं हो सकेगा, आप जनपद के प्रतिष्ठित नेता हैं, ग्राम प्रधान संघ के अध्यक्ष हैं यदि आपको चुनाव लड़ना पड़े, तो आपको चन्दा माँगने में शर्म नहीं आयेगी और एक शुभ कार्य के लिए शर्म आ रही है।''

''ऐसा नहीं है।''

''फिर क्या है?'' यह कहते हुए राजेश सिंह ने कालबेल बजायी, दरबान अन्दर आया।

''आदेश करें, सर!''

''आप हमारे पेशकार से सुरेन्द्र सिंह के शस्त्र लाईसेन्स की पत्रावली ले आयें।''

''ठीक है, सर।'' कहते हुए दरबान कार्यालय की ओर बढ़ गया। तब राजेश ने ब्यूरो चीफ पवन की ओर रुख करते हुए कहा—

''क्यों पवन जी... सुना है कि बखिरा थाना क्षेत्र में चार-पाँच वर्ष पूर्व हिन्दू-मुसलमानों के मध्य दंगा हो गया था, जिसमें काफी जन-धन की हानि हुई थी।''

''जी सर, वर्ष-2004 में इस क्षेत्र में भीषण दंगा हुआ था, जिसमें कई मौतें भी हुई थीं और कई लोग घायल भी हुए थे।''

इस पर राजेश बारावफात पर्व पर आयोजन के सम्बन्ध में सुरक्षा-व्यवस्था की माँग करनेवाले प्रतिनिधिमण्डल की ओर रुख करते हुए कहा–

''देखिये मौलवी जी, आपके क्षेत्र में दो अनाथ बच्चियाँ हैं, जिसकी परवरिश की जिम्मेदारी यहाँ के ग्राम प्रधान एवं क्षेत्रीय लोगों को दी जा रही है, मेरा आप लोगों से भी यही कहना है कि आगामी तीस तारीख को जरीना के निकाह में आप अपने दल-बल के साथ भागीदारी करें तथा उसका भव्य निकाह सम्पन्न करायें।''

''जी हाँ, जनाब, यह आपका बहुत ही नेक खयाल है और जिस तरह से आपने वहाँ के ग्राम प्रधान और ब्लाक प्रमुख जी की हौसला अफजाई की है, वह काबिले तारीफ है। हम सब भी उस अनाथ बच्ची के निकाह में भाग लेंगे तथा पूरा सहयोग करेंगे।''

''बहुत-बहुत धन्यवाद मौलवी जी, मेरा मानना है कि यदि एक कौम की समस्या में दूसरे कौम के लोग कन्धे-से-कन्धा मिलाकर खड़े हों तथा लोग एक-दूसरे के धर्म एवं मजहब के बारे में जानकारी करने का प्रयास करें तो कभी दंगे जैसी समस्या नहीं आ सकती है।''

''जनाब, आप बिलकुल सही फरमा रहे हैं, नासमझी के कारण ही इस तरह के दंगे-फसाद होते हैं। मेरा भी यही मानना है कि यदि लोग मज़हब को सही ढंग से समझें तो इस तरह की नौबत ही न आने पाये। अब हमारी कमेटी आपके आदेशानुसार जरीना के निकाह की पुरजोर तैयारी करेगी।''

''प्रतिनिधिमण्डल के सभी सदस्यों ने मौलवी जी का समर्थन किया और मौलवी जी ने बारावफात पर्व की मजलिस का कार्ड देते हुए कहा–''जनाब, मेरी तरफ से बारावफात की मजलिस पर आप भी सादर आमन्त्रित हैं, मेरी तो हार्दिक इच्छा है कि आप मेहमाने-खुसूसी (मुख्य अतिथि) के रूप में कार्यक्रम में शिरकत करें।''

''बिलकुल इमाम साहब, हम आपके कार्यक्रम में जरूर शिरकत करेंगे।''

''आप बहुत ही नेक इन्सान हैं, अल्लाह आपकी झोली में हर तरह की खुशियाँ भरे।''

यह कहते हुए वह अपने साथियों के साथ कक्ष से बाहर चले गये, तब तक दरबान प्रमुख जी की शस्त्र लाइसेन्स की पत्रावली मेज पर रख चुका था।

राजेश ने उस पत्रावली का अध्ययन करने के पश्चात् कहा, ''प्रमुख जी, आपके आवेदन-पत्र पर बखिरा थाने की रिपोर्ट लगकर आ चुकी है, लेकिन मैं आपकी पत्रावली पर संस्तुति तीस अप्रैल के पश्चात् ही करूँगा, तब तक आप और आपके मित्र जरीना के निकाह के लिए योजना बनाकर उसे अन्तिम रूप दें।''

''बिलकुल एडिशनल साहब, जब आप इस काम में इतनी रुचि दिखा रहे हैं तो यह मेरे क्षेत्र का मामला है वे दोनों हमारी बेटियों की तरह हैं हम अपने संघ के सभी साथियों के साथ उन बच्चियों के लिए कार्य करेंगे।''

"मुझे आपसे यही उम्मीद है।"

"बिलकुल आप हम पर भरोसा रखें, हम आपकी भावना का आदर करते हैं।" यह कहते हुए सुरेन्द्र सिंह कमरे से बाहर चले गये।

"वाह एडिशनल साहब, आपने तो कमाल कर दिया।" प्रमुख जी के कमरे से बाहर जाते ही पवन कुमार चहक उठे।

"इसमें कमाल क्या है, यह तो महज संयोग है।"

"नहीं, एक असम्भव-सी घटना सम्भव हो रही है।"

"नहीं मित्र, मैं आपके इस तर्क का खण्डन करता हूँ कि यह संवेदनशून्य समाज है, मेरा यह मानना है कि समाज एवं समाज का आम व्यक्ति संवेदनशील रहा है, लेकिन आम आदमी को इतना छला गया है कि वह अब किसी पर जल्दी विश्वास नहीं करता है किन्तु यदि अभी भी विश्वास हो जाये कि सामनेवाले की नीयत ठीक है और उसका उद्‌देश्य पवित्र है तो वह निश्चित रूप से आपके साथ खड़ा होगा।"

"एडिशनल साहब, मैं आपकी प्रशासनिक योग्यता एवं नेतृत्व क्षमता का कायल हो गया हूँ।"

"सिर्फ यह कहने से काम नहीं चलेगा, आपको जरीना के निकाह एवं करीना की परवरिश हेतु अपने समाचार-पत्र के माध्यम से अलख जगाना होगा ताकि समाजसेवी व्यक्ति एवं संस्थाएँ सामने आयें।"

"बिलकुल सही कह रहे हैं, मैं खुद और अपने प्रिण्ट एवं इलेक्ट्रॉनिक मीडिया के साथियों के साथ उस कार्यक्रम का कवरेज करूँगा तथा उसे जनपदवासियों की महत्त्वपूर्ण उपलब्धि के रूप में रेखांकित करूँगा।"

"ठीक है पवन जी, आप चलें, मैं तब तक कुछ विभागीय फाइलें निपटा दूँ।"

"अच्छा, नमस्कार!" मुस्कराते हुए पवन जी उठे और कक्ष से बाहर चले गये।

आज जब वह कार्यालय से उठा तो उसके चेहरे पर विजयी मुस्कान थी, अंग-प्रत्यंग में रोमांच का अनुभव हो रहा था, हृदय आनन्द से अभिभूत था और उसका रोम-रोम ईश्वर को धन्यवाद दे रहा था।

अगले दिन सायंकाल जब वह अपने आवास पर था, तभी फालोवर रामसिंह ने कहा, "सर, भगौतीपुर के ग्राम प्रधान श्री वीरेन्द्र यादव आये हैं और आपसे मिलना चाहते हैं।"

"ठीक है, उनके साथ और कोई है?"

"उनके साथ चार व्यक्ति और हैं साथ ही दो लड़कियाँ भी आयी हुई हैं।"

"ठीक है, आवास के बाहर लॉन में कुर्सियाँ लगाकर उन्हें बैठा दो और सभी लोगों के लिए चाय-नाश्ते की व्यवस्था करो, मैं अभी आता हूँ।"

"ठीक है सर!" यह कहते हुए रामसिंह बाहर चला गया।

उसने अलमारी से निकालकर कुर्ता-पायजामा पहना और एक गिलास पानी पीकर बाहर निकला, उसे देखते ही लॉन में उपस्थित सभी लोग खड़े हो गये, तथा उसे अभिवादन किया, उसने सभी लोगों को बैठने का संकेत दिया। उनके संकेत पर और सभी लोग बैठ गये लेकिन साथ आयी दोनों लड़कियाँ एक ओर सहमी-सी खड़ी रहीं।

"अरे, आप लोग तो बैठिये।"

"नहीं साहब, आपके सामने हम सब कैसे बैठ सकती हैं।" साथ आयी बड़ी लड़की ने कहा।

उन दोनों के चेहरे पर चिन्ता एवं भय की स्पष्ट रेखाएँ दृष्टिगोचर हो रही थीं।

उसने उन लोगों के चेहरे पर चढ़ते-उतरते भावों को पढ़ने का प्रयास किया तथा सामने पड़ी कुर्सी पर बैठ गया।

"अरे, घबराने की कोई बात नहीं, आप लोग निश्चिन्त रहिये, यहाँ पर हमने आप दोनों के बारे में जानने के लिए ही प्रधान जी के साथ आप लोगों को बुलवाया है।"

"जी साहब!" यह कहकर बड़ी लड़की वहीं लॉन में जमीन पर बैठ गयी। उसे देखकर उसकी छोटी बहन भी उसके पास शीघ्रता से जमीन पर बैठ गयी। उसके दिल में उन दोनों बहनों की मासूमियत को देखकर करुणा उत्पन्न हो गयी थी।

उसने सभी लोगों से उनका नाम व परिचय पूछा तथा कुशल-क्षेम के बाद जरीना की ओर मुखातिब होते हुए कहा, "जरीना! जरा अपने बारे में बताओ, आपके अब्बा-अम्मी कितने वर्ष पहले गुजर गये थे?"

"जी साहब!" कहकर वह थोड़ी देर रुकी, फिर घबराकर अपने स्थान पर खड़ी हो गयी। उसके साथ उसकी छोटी बहन भी खड़ी हो गयी।"

"घबराओ नहीं, जरीना! यहाँ हम सब तुम्हारी सहायता के लिए ही एकत्रित हुए हैं। अपने बारे में विस्तार से बताओ।"

उसके द्वारा सान्त्वना दिये जाने पर वह कुछ स्थिर हुई।

"जी साहब, जब मैं आठ साल की थी तो मेरी अम्मी मर गयी थी, उनको टाईफाइड बुखार हो गया था। अब्बा ने उन्हें कई जगह दिखाया लेकिन वह बच न सकीं, अभी चार साल पहले ही अब्बा एक्सीडेण्ट में गुजर गये, उस दिन वह काम करके साइकिल से लौट रहे थे, तभी किसी गाड़ी ने उन्हें टक्कर मार दी, और वह वहीं पर खत्म हो गये। हमारे चाचा जी थे लेकिन वह अम्मी के मर जाने के बाद चाची और बच्चों को लेकर न जाने कहाँ चले गये। अब हमारा एक ही सहारा मेरा छोटा भाई नफीस था, जो बखिरा कस्बे में एक सेठ जी की दुकान पर नौकरी करता था, उसको भी खुदा ने हमसे छीन लिया।"... यह कहते हुए जरीना फफककर रोने लगी और रोते-रोते उसने अपना मुँह ढक लिया।

"अब भैया भी नहीं रहे, अब हम लोगों का कौन सहारा है? न तो कोई खेती-बाड़ी है और न ही घर में कुछ पैसे-वैसे है क्या करेंगे?... क्या खायेंगे?" रोते हुए छोटी बंहन करीना ने कहा।

उन दोनों की कहानी सुनकर उसका सर्वाङ्ग सिहर उठा, अन्तर्मन काँप उठा और आँखों में आँसू आ गये, उसने लॉन में उपस्थित अन्य लोगों की ओर देखा, सभी करुणा से अभिभूत थे।

तब तक फालोवर रामसिंह चाय-नाश्ता लेकर आ गया था। राजेश ने उसे चाय-नाश्ता सामने रखी छोटी टेबिल पर रखने का संकेत दिया तथा वहाँ पर उपस्थित सभी लोगों से चाय-नाश्ता लेने का अनुरोध किया एवं अपने हाथों से जरीना और करीना को चाय के साथ नाश्ते की प्लेट भी दी।

चाय लेते हुए उसने ग्राम प्रधान से कहा, "प्रधान जी... आपने क्या विचार किया है? जरीना के निकाह की क्या रूपरेखा बनायी है?"

"जी साहब!" कहकर प्रधान जी चुप हो गये।

"हाँ-हाँ, जरा खुलकर बताइये, ताकि इन दोनों अनाथ बच्चियों की मदद की जा सके।

"जी, हम और गाँव के हमारे सभी मित्र आपस में चन्दा करके जरीना के निकाह की तैयारी कर रहे हैं, जितना भी धन एकत्रित होगा उससे व्यवस्था की जायेगी।"

"नहीं प्रधान जी, अब यह दोनों बच्चियाँ भगौतीपुर की बेटियाँ हैं हम सभी लोगों का यह सामूहिक कर्त्तव्य है कि इन दोनों बच्चियों के स्वर्णिम भविष्य का निर्माण करें, यदि हम यह कर पाने में सफल हुए तो हमें सभ्य नागरिक कहलाने का हक होगा।"

"बिलकुल सही सर, हम लोग जरीना के विवाह की विधिवत् तैयारी करेंगे उसमें कोई कोर कसर नहीं छोड़ेंगे।" प्रधान जी के साथ आये एक व्यक्ति ने कहा।

"इसके लिए हम आस-पास के गाँवों से भी चन्दा एवं अनाज इकट्ठा करेंगे ताकि कोई कमी न रह जाये।" दूसरे व्यक्ति ने कहा।

"बिलकुल सही योजना है, इसके लिए आप लोग न केवल ग्रामवासियों से मदद लें वरन् आस-पास के क्षेत्र के लोगों से भी मदद लेकर इस पुण्य कार्य को विधिवत् अंजाम दें, इससे सम्पूर्ण क्षेत्र में ही नहीं बल्कि, सम्पूर्ण जिले में एक अलग तरह का सन्देश जायेगा।" राजेश ने अपने विचार प्रस्तुत करते हुए कहा।

"सर! आपने हमारी आँखें खोल दी हैं। हम लोग इन दोनों बच्चियों के भविष्य निर्माण में कोई कोर कसर नहीं रखेंगे।" प्रधान जी के चेहरे पर दृढ़ विश्वास झलक रहा था।

"ठीक है प्रधान जी, चन्दे की शुरुआत आप हमसे ही करें।"

"अरे साहब, आप रहने दीजिये, हम सब गाँव व क्षेत्र के लोगों से चन्दा एकत्र कर लेंगे और आपकी योजना के मुताबिक जरीना का धूम-धाम से निकाह किया जायेगा।"

"नहीं, आप जरा इन्तजार करें... मैं अभी आया।"

यह कहते हुए वह अपने कमरे के अन्दर चला गया और थोड़ी देर पश्चात्... "प्रधान जी, यह लीजिये इक्कीस सौ रुपये और हमसे ही इस शुभ कार्य का श्री गणेश कीजिये।"... हाँ एक सलाह मेरी और भी है कि जितना भी धन चन्दा में एकत्रित हो, उसका कुछ हिस्सा छोटी बहन करीना के नाम बैंक में फिक्स जमा करा दिया जाये, ताकि भविष्य में इसकी भी हर सम्भव मदद हो सके।"

"धन्य हैं साहब, आप वाकई महान् हैं।" रुपये लेते हुए प्रधान जी ने कहा।

"सर, हम आपको वचन देते हैं, आपकी भावना के अनुरूप हम सभी लोग मिलकर जरीना का निकाह करेंगे।" प्रधान जी के एक सहयोगी ने कहा।

"किन्तु सर, हमारी हार्दिक इच्छा है कि तीस तारीख को विवाह के समय आप अवश्य गाँव पधारें, इससे हम लोगों का मनोबल बढ़ेगा।" दूसरे सहयोगी ने अपनी बात रखी।

"हाँ साहब, आपकी उपस्थिति कार्यक्रम में चार-चाँद लगा देगी।" प्रधान जी ने अपने सहयोगी की बात का पूर्णतया समर्थन किया।

"ठीक है, मैं उस दिन कार्यक्रम में अवश्य आऊँगा।"

राजेश के मुखमण्डल की कान्ति दुगनी हो गयी थी।

उसने दोनों बहनों को पास बुलाकर उनके सिर पर हाथ रखकर उनको आश्वस्त किया, "तुम दोनों अपने को कभी भी अनाथ मत समझना। गाँव एवं क्षेत्र के सभी लोग तुम लोगों के साथ हैं, हम सब तुम्हारी हर तरह से सहायता करेंगे।"

इसके पश्चात् राजेश ने ग्राम प्रधान एवं उनके सहयोगियों को विदा किया। विवाह के दिन वह निर्धारित समय पर ग्राम भगौतीपुर पहुँच गया। वहाँ पर ग्राम प्रधान और उनके सहयोगियों ने उसका भव्य स्वागत किया और कार्यक्रम स्थल पर ले गये, जहाँ पर ब्लाक प्रमुख सुरेन्द्र सिंह एवं उनके सहयोगी भी मौजूद थे। पवन जी के नेतृत्व में प्रिण्ट एवं इलेक्ट्रॉनिक मीडिया के अनेक रिपोर्टर, समाजसेवी संस्थाएँ, बुद्धिजीवी एवं हिन्दू-मुस्लिम लोग बिना किसी भेदभाव के उपस्थित थे, उसके वहाँ पहुँचने पर वहाँ पर उपस्थित सभी लोगों के चेहरे खिल गये तब सुरेन्द्र सिंह ने आकर उनका स्वागत करते हुए कहा—

"एडिशनल साहब, क्षेत्रवासियों की हार्दिक इच्छा है कि इस कार्यक्रम में आपके हाथों से कन्यादान हो, क्योंकि आपके ही आशीर्वाद से यह शुभ कार्य सम्पन्न हो पाया है।"

"नहीं, प्रमुख जी, मुझे नींव का पत्थर ही रहने दें। मेरे विचार से जरीना पूरे गाँव की बेटी है, अतः गाँव के मुखिया होने के नाते ग्राम प्रधान द्वारा ही कन्यादान किया जाये, ताकि हरेक गाँव के लोग अपनी-अपनी जिम्मेदारी का स्वयं ही निर्वहन करें।"

"जैसा आपका आदेश", यह कहकर प्रमुख जी ने ग्राम प्रधान को आगे के कार्यक्रम सम्पादित करने के लिए कहा।

जरीना के विवाह में जहाँ एक ओर मौलवी जी इस्लाम पद्धति से निकाह सम्पन्न करा रहे थे, वहीं दूसरी ओर क्षेत्र के आचार्य बलदेव शास्त्री जी सनातन पद्धति से मन्त्रोच्चार कर रहे थे और उस विवाह में क्षेत्र के हिन्दू-मुसलमानों ने अपनी इच्छानुसार रुपया, पैसा, सामान एवं अनाज दिया था तथा मीडियाकर्मी बड़े उत्साह से उस कार्यक्रम को कवरेज कर रहे थे। राजेश इस कार्यक्रम में अत्यन्त रोमांचित था, उसने स्वप्न में भी नहीं सोचा था कि समस्त कार्यक्रम उसकी बनायी गयी योजना से कहीं अधिक इतना भव्य होगा। क्षेत्र के सभी लोग जाति-पाति, धर्म-कर्म, अन्धविश्वास और आपसी भेदभाव भुलाकर बड़े ही उत्साह से भाग ले रहे थे।

विवाह सम्पन्न होने के पश्चात् वर-वधू दोनों ही उनके पास आये, जरीना ने तो राजेश के पैर ही पकड़ लिये और फफककर रो पड़ी, जैसे ही उसने जरीना को अपने दोनों हाथों से पकड़कर ऊपर उठाया, वह 'भैया' कहकर उससे लिपट गयी।

जरीना द्वारा कहे गये 'भैया' शब्द ने उसके तन-मन को रोमांचित कर दिया... अंग-प्रत्यंग में एक विशेष प्रकार का उल्लास उमड़ आया.... हृदय आनन्द से आपूरित... वाणी मूक तथा नेत्रों से अविरल अश्रुपात हो रहा था। उसे लगा कि जैसे वह अपनी छोटी बहन सुषमा की विदाई कर रहा है, जो कि बचपन में ही उसे छोड़कर भगवान् को प्यारी हो गयी थी।

●

नौकरानी

उसने जल्दी से अपने क्वार्टर में पहुँचकर दरवाजा अन्दर से बन्द कर लिया। साँस धौंकनी की तरह चल रही थी, चेहरा लाल था, आँखों में भय एवं आक्रोश की परछाईं थी, शीत ऋतु में भी उसका सम्पूर्ण शरीर पसीने से लथपथ था, हाथ पैरों में अजीब-सी सनसनाहट हो रही थी, वह पीपल के पत्ते की मानिन्द काँप रही थी, उसे लग रहा था जैसे कोई अभी भी उसका पीछा कर रहा है।

तभी उसे अपने पीछे से चिर परिचित आवाज सुनायी दी।

''बहू... आ गयी।''

आवाज सुनकर वह एकदम से चौंक गयी। उसकी अजीब-सी स्थिति देखकर सास ने पूछा–

''क्या बात है बहू? कुछ परेशान दिख रही हो।''

वह कुछ कहना चाह रही थी, लेकिन गला सूख गया था। वह कुछ बोल न सकी। उसने कमरे में ही रखी पानी की बाल्टी से जग भर पानी निकाला और सूखे हलक को सींचने लगी।

उसकी सास श्यामा बड़े गौर से उसे देख रही थी, उसकी आँखों में अनेक प्रश्न तैर रहे थे।

जब वह सामान्य हुई तब उसने खुद ही कहा–

''कुछ नहीं अम्माँ... एक कुत्ते ने हमें दौड़ा लिया था।''

''लेकिन टाइगर तो तुमसे हिला है, उसको खाना-दूध सब तुम्हीं तो देती हो।''

''नहीं अम्माँ! मैं साहब के काम से बाजार जा रही थी। गली के एक पागल आवारा कुत्ते ने दौड़ा लिया था, (कुछ ठहरकर)... बच गयी नहीं तो काट लिया होता।'' वह अभी भी काँप रही थी, पास में पड़ी चारपाई पर धम्म से बैठ गयी।

''उफ! मुहल्ले में बहुत आवारगी बढ़ गयी है। आवारा लड़के, आवारा शराबी, आवारा जानवर और अब आवारा कुत्ते।''

''सम्हल कर जाया करो बहू।'' चारपाई में उसकी बगल में बैठते हुए श्यामा ने उसके सिर पर हाथ फेरा। ममतामयी स्नेहिल हाथों का स्पर्श उसे अन्तर्मन तक छू गया। उसने अपनी सास की गोद में अपना सिर रख दिया और फूट-फूटकर रो पड़ी।

"अरे, तुम अपने-आपको अकेली क्यों समझती हो। मैं भी तो तुम्हारे साथ हूँ, और हम दोनों का लाड़ला रोहित भी तो है।" दिलासा देते हुए श्यामा ने कहा।

कुछ देर के बाद...

"हाथ मुँह धो लो बहू...मैं खाना ला देती हूँ।"

"रहने दो अम्माँ, इच्छा नहीं है।"

"अरे, इच्छा क्यों नहीं है... मैं लाती हूँ।" यह कहते हुए श्यामा कमरे के बाहर चली गयी।

वह सास को बाहर जाते हुए देखती रही फिर उसकी निगाह पास में सो रहे रोहित पर ठहर गयी। उसका सर्वाङ्ग सिहर उठा। उसने अपने बेटे को कलेजे से भींच लिया। यूँ तो श्यामा और चन्दा का सम्बन्ध सास-बहू का था किन्तु सुरेश के गुजर जाने के बाद दोनों में रिश्ता गाढ़ा हो गया था। दोनों के बीच उम्र की खाई पर दुःख का पुल बन गया था। सुख और दुःख का मूलभूत अन्तर यही है कि जहाँ सुख आपस में अलगाव पैदा करता है और व्यक्ति को यथार्थ से दूर ले जाता है, वहीं दुःख एक-दूसरे को जोड़ता है तथा यथार्थ का सामना करने का सम्बल प्रदान करता है। चन्दा अपनी सास श्यामा को सुरेश की तरह ही अम्माँ कहकर बुलाती थी उसे श्यामा में अपनी माँ का प्रतिबिम्ब नजर आता था।

तब तक श्यामा एक थाली में उसके लिए भोजन निकाल लायी थी।

"ठीक है अम्माँ। मैं खा लूँगी... अब आप भी सो जाइये।"

श्यामा बगल के कमरे में सोने चली गयी, वह फर्श पर ही अनमने ढंग से भोजन लेकर बैठ गयी लेकिन एक भी कौर खाने की हिम्मत न पड़ी। उसका मन, बुद्धि और चित्त सभी-कुछ अस्थिर था। उसने भोजन की थाली को अखबार से ढका और फर्श पर ही लुढ़क गयी। आज उसे अपने आपसे घृणा हो रही थी। उसकी आँखों एवं चेहरे पर नौकरानी होने का हीन-भाव उभर आया था। आज उसे अपने जीवन की हीनता, तुच्छता एवं निस्सारता समझ में आ रही थी। नौकरानी होने का दंश उसके तन-मन के पोर-पोर में समा गया था। आज उसकी पराकाष्ठा थी।

प्रतिदिन की भाँति बँगले की साफ-सफाई व भोजन बनाने के बाद वह सेठ रोशनलाल का फैक्ट्री से आने का इन्तजार कर रही थी। सेठानी सावित्री देवी अपने भाई की तबीयत खराब होने के कारण पिछले पन्द्रह दिनों से मायके में थी। रात्रि लगभग नौ बजे जब सेठ जी फैक्ट्री से आये, तो उन्होंने प्रतिदिन की भाँति अपने कमरे में ही भोजन लाने के लिए कह दिया। भोजन की थाली लेकर वह जैसे ही सेठ जी के कमरे में घुसी। उन्होंने कमरे के दूसरे कोने में रखी मेज पर थाली रखने का इशारा कर दिया और जैसे ही वह थाली मेज पर रखकर कमरे से बाहर निकलने को हुई उसने देखा कि सेठ जी ने लपककर कमरे का दरवाजा अन्दर से बन्द कर लिया था। जब

तक वह कुछ समझती सेठ जी ने उसकी बाँह पकड़कर उसे अपनी ओर खींच लिया। उसका सर्वाङ्ग सिहर उठा था। उसने सेठ रोशनलाल की आँखों में वासना के लाल डोरे तैरते हुए देखे।

''यह क्या कर रहे हैं, मालिक?'' वह अज्ञात भय से काँप उठी थी।

''अरे चन्दा! आज तुम कितनी खूबसूरत लग रही हो। तुम सचमुच का चाँद हो।''

''मालिक, यह सब आपको शोभा नहीं देता।'' कहते हुए उसने अपना हाथ झटककर छुड़ा लिया और तेजी से दरवाजे की ओर बढ़ी।

''अरे चन्दा! रुक तो... हम रुपये-पैसे से तेरी झोली भर देंगे... बस कभी-कभी मुझे खुश कर दिया करो।'' रोशनलाल की आँखों में वासना का खुमार अपने उत्कर्ष पर था।

''मालिक! मैं कोई वेश्या नहीं हूँ। मेहनत-मजदूरी करके अपना पेट पालती हूँ। मुझे ऐसा पैसा नहीं चाहिए।'' उसका चेहरा स्वाभिमान से तमतमा उठा था।

''अच्छा!... नौकरानी की यह बिसात... जल में रहकर मगर से वैर। छह महीने पूर्व ही तू मेरे पैरों पर आकर गिरी थी कि मैं हर तरह का काम करूँगी। तुम्हीं ने यह कहते हुए दया की भीख माँगी थी कि मेरे एक छोटा बच्चा और बूढ़ी सास है। तेरी हालत पर रहम खाकर मैंने तुझे नौकरी दी और रहने के लिए क्वार्टर दिया... आज मुझी को आँख दिखाती है।'' रोशनलाल ने धमकी देते हुए कहा।

''लेकिन मैं सारा काम मेहनत से करती हूँ। शिकायत का कोई मौका नहीं देती हूँ।'' काँपते स्वर में वह बोली। उसका सारा स्वाभिमान काफूर हो चुका था।

''अच्छा! बड़ी सती-सावित्री बनती है... तेरे सतीत्व की रक्षा करनेवाला पति तो तीन वर्ष पूर्व ही भगवान् को प्यारा हो गया... अभी भी देह पर इतना गुमान पाले हुए हो। अभी भी कहता हूँ मेरी बात मान लो, हर तरह का सुख रहेगा।''

''नहीं... यह नहीं हो सकता।'' उत्तेजना एवं आवेश से उसका चेहरा तमतमा रहा था।

''ठीक है, अच्छी तरह सोच-विचार लो, नहीं तो सँभाल अपना बोरिया-बिस्तर। जब अपने बच्चे और बूढ़ी सास को लेकर दर-दर की ठोकरें खायेगी, तब तुझे अपनी औकात पता चल जायेगी। कल इसी समय तक तुम्हारे फैसले का इन्तजार करूँगा।'' यह कहते हुए रोशनलाल ने फिर उसकी बाँह पकड़कर अपनी ओर खींचने का प्रयास किया, किन्तु वह उसकी मन्शा समझकर पहले ही हट गयी थी और तेजी से कमरे का दरवाजा खोलकर बाहर की ओर भागी थी।

''ध्यान रखना चन्दा!... कल इसी समय तुम्हारे फैसले का इन्तजार करूँगा।'' पीछे से रोशनलाल चिल्लाया था।

बड़े घरों के बड़े चोंचले होते हैं, इन छह महीनों में ही उसकी समझ में आ गया था। सम्पूर्ण नगर में सेठ रोशनलाल की एक अत्यन्त उदार, धर्मपरायण एवं नेक इन्सान

की छवि थी और उनकी पत्नी सावित्री देवी भी किसी सती-सावित्री से कम नहीं थी। न जाने कितने अनाथालयों एवं समाजसेवी संस्थाओं को सेठ-सेठानी दान देते रहते थे। सम्पूर्ण शहर में उनका बड़ा नाम था। अक्सर समाचार-पत्रों में उनकी सदाशयता, परोपकार एवं दान-पुण्य के किस्से निकलते रहते थे। भगवान् की कृपा से उनके दो बेटे थे, धीरज और नीरज।

अचानक चन्दा ने करवट ली। करवट लेते ही उसकी स्मृति-पटल पर सेठ रोशनलाल से प्रथम परिचय और उसके पश्चात् के चित्र उभर आये।

लगभग छह माह पूर्व सेठ रोशनलाल की सदाशयता की चर्चा सुनकर उनके पास आयी थी। उस समय एक स्वयंसेवी संस्था के कार्यकर्त्ता भी सेठ जी के पास अपने कार्यक्रम का निमन्त्रण लेकर पहुँचे हुए थे। संकोचवश वह भीड़ से अलग दूर खड़ी हुई थी। जब सेठ जी की निगाह उस पर पड़ी, तो उन्होंने उससे बड़ी ही आत्मीयता से पूछा था, "क्या बात है बहन! दूर क्यों खड़ी हो?"

यह सुनकर वह रोमांचित हो उठी थी। सहमे कदमों से उनके पास पहुँच गयी, किन्तु चाहकर भी कुछ बोल न सकी।

"हाँ-हाँ बताइये, क्या समस्या है?"

यह सुनकर उसने सेठ जी के पैर पकड़ लिये थे और लगभग रोते हुए उन्हें अपनी व्यथा-कथा सुनायी थी, और उनसे अपने बँगले में घरेलू नौकरानी के रूप में रख लेने का आग्रह किया तथा याचक दृष्टि से उनकी ओर देखने लगी। सेठ जी ने बड़े गौर से उसकी ओर देखा था। कुछ ही पलों में उनके चेहरे पर अनेकानेक भाव आये और ओझल हो गये अन्ततः उन्होंने अपने बँगले में कार्य करने की सहर्ष स्वीकृति दे दी थी। वह भाव-विह्वल हो उठी और उसने पुनः सेठ जी के पैर पकड़ लिये थे। उन्होंने उसे उठाते हुए कहा था—

"बहन! उठो, मुझे लज्जित मत करो। मानव होने के नाते मानव की सेवा करना सबसे बड़ा धर्म है।"

उसने हृदय से सेठ जी का आभार प्रकट किया और वहाँ उपस्थित स्वयंसेवी संस्था के सभी कार्यकर्त्ता सेठ रोशनलाल की जय-जयकार कर उठे थे।

कुछ दिन बँगले में कार्य करने के पश्चात् सेठ जी ने प्रसन्न होकर उसे रहने के लिए सर्वेण्ट्स क्वार्टर में से एक क्वार्टर दे दिया था, जिसमें वह अपनी बूढ़ी सास और रोहित को ले आयी थी।

सेठानी सावित्री देवी भी सौन्दर्य की साक्षात् जीती-जागती प्रतिमा थीं, उनमें भी किसी प्रकार की कोई कमी न थी। ईश्वर ने उन्हें भी बड़ी फुरसत में गढ़ा था। गोल चेहरा... बोलती हुई मदालस आँखें... काले सघन बाल... अरुणिम अधर... एक कमनीय देहयष्टि। किन्तु सौन्दर्य के विपरीत उनका स्वभाव बहुत तेज था, बात-बात

में वह झुँझला जाती थी, सब-कुछ होते हुए भी उनके चेहरे पर अभाव की रेखाएँ परिलक्षित होती थीं।

कुछ समय बाद रामू नौकर से यह बात पता चला कि मालकिन सेठ जी की दूसरी पत्नी हैं। लगभग दस वर्ष पूर्व सेठ जी की पहली पत्नी गुजर गयी थी। पहली पत्नी से कोई सन्तान नहीं थी। उसके बाद सेठ जी ने इनसे विवाह किया था। इस राज के जानने के बाद ही उसे सेठ-सेठानी के बीच उम्र के अन्तर का रहस्य भी समझ में आ गया था।

सावित्री देवी उससे घर का खूब काम लेती थी, उसे जरा भी आराम करते देखती, चट से दूसरा काम थमा देती, किन्तु वह खुशी-खुशी सारा काम करती रहती।

एक दिन बूढ़ी सास की तबीयत खराब होने के कारण वह रोहित को बँगले पर ले आयी थी। रोहित सेठ जी के लड़कों धीरज और नीरज के साथ खेलने लगा। खेलते-खेलते उनके बिस्तर पर बैठ गया था। सावित्री देवी यह देखकर आग-बबूला हो गयी थीं। उन्होंने रोहित के गाल में दो चाँटे जड़ दिये थे। रोहित का रोना सुनकर जैसे ही वह वहाँ पहुँची थी, वह चीखी थी—

"चन्दा! अपने लड़के को यहाँ क्यों लायी हो?"

"जी मालकिन, कल से मेरी सास की तबीयत खराब है। वे बिस्तर पर लेटी हैं। उनका दवा आदि देकर इसे यहाँ ले आयी थी।"

"ठीक है। इसको बाहर बरामदे में बैठा दो। वहीं खेलता रहे।" उसके बाद धीरज-नीरज को डाँटते हुए—

"तुम दोनों को गन्दे बच्चे के साथ खेलने में जरा भी शर्म नहीं आती। नौकरों के बच्चों के साथ खेलोगे...? जाओ अपने कमरे में।"

उस वक्त उसे नौकरानी होने का शूल चुभा था। असह्य पीड़ा हुई थी... किन्तु वह मूक दर्शक बनी रही।

लेकिन उस सुबह तो हद ही हो गयी जब उस पर चोरी का आरोप लग गया था। सावित्री देवी ने शक-भरी निगाहों से देखते हुए कहा था—

"चन्दा, इधर आना।"

"जी मालकिन!"

"चुप, मालकिन की बच्ची। बता मेरा पर्स कहाँ रख दिया है।" सावित्री चीखी थी।

"क...क...कैसा पर्स?" वह अचकचा गयी।

"चल...चल, नाटक मत कर। जल्दी से मेरा पर्स ले आ।"

"म... मैं... मैंने आपका पर्स नहीं रखा है मालकिन!... मुझे कुछ भी नहीं पाता।" वह बुरी तरह घबरा गयी थी।

"कल रात से मैं अपना पर्स खोज रही हूँ। यहीं अलमारी में रख दिया था, अभी तक नहीं मिला है.... तेरे सिवा और कोई नहीं ले गया होगा।"

"नहीं मालकिन, मेरा विश्वास करें... मैंने चोरी नहीं की है।"

"मेरे पति भी इतने भोले हैं कि किसी भी ऐरे-गैरे नत्थू-खैरे को देखते हैं, उसे बिना सोचे-समझे सिंहासन पर बिठा देते हैं।... आने दे, सेठ जी को शाम को सब-कुछ कहूँगी।"

"मालकिन, मैं अपने इकलौते लड़के रोहित की कसम खाकर कहती हूँ... मैंने चोरी नहीं की है।" उसने सावित्री के पैर पकड़ लिये थे। उसके नेत्रों से अश्रुधारा बह रही थी।"

'तुम लोग नाली के कीड़े हो। तुम लोगों के लिए कुछ भी किया जाय... सुधरोगे नहीं।" कहते हुए सावित्री ने उसे पैर की भरपूर ठोकर मार दी थी।

ठोकर खाकर वह छिटककर गिर गयी थी। सावित्री देवी द्वारा उसकी नाली के कीड़े से की गयी तुलना उसके अन्तर्मन को बींध गयी थी। आवेश से मुख तमतमा उठा। तन-मन झुलस रहा था। आँखें लाल हो रही थीं। उसे अपनी छाती में निर्धनता, परवशता और नौकरानी होने के शूल रह-रहकर चुभ रहे थे, किन्तु वह चाहकर भी कुछ कह न सकी, बस मौन रही।

नौकरानी होने के दंश के सभी दृश्य एक-एक करके उसके मानस-पटल पर घूम गये। लेटे-लेटे ही चन्दा ने दूसरी करवट ली और वह अपनी सतरंगी दुनिया में खो गयी। अचानक अपने पति नन्दन के साथ बिताये गये मिलन एवं प्यार के वे सारे दिन याद आ गये थे। हसीन लम्हे पंख लगाकर कब उड़ गये, पता ही नहीं चला था।

वह उसके जीवन की काली रात ही थी। जब उसे खबर मिली थी कि साइकिल से काम के लिए गये नन्दन को पीछे से ट्रक या बस ने टक्कर मार दी है और वह अस्पताल में भर्ती है। यह समाचार सुनकर वह हतप्रभ रह गयी थी। जब वह अस्पताल पहुँची, नन्दन की अन्तिम साँसें चल रही थीं। उसको देखकर नन्दन की आँखों में चमक आ गयी थी। अभी भी उसके जेहन में नन्दन के वे शब्द गूँजते हैं।

"चन्दा! बस मैं तुम्हारा ही इन्तजार कर रहा था।"

"यह तुम्हें क्या हो गया है।" वह फूट-फूटकर रो पड़ी थी।

"चन्दा, चुप हो जाओ... इधर मेरे पास आओ... समय बहुत कम है।"

"क्या?" उसकी आँखों से अविरल अश्रुपात हो रहा था।"

"अम्माँ, तुम भी इधर आओ... जरा अपना हाथ दो।"

नन्दन ने अम्माँ का हाथ उसके हाथ में थमाते हुए कहा था।

"चन्दा! तुम्हें मेरे प्यार की कसम! अम्माँ का पूरा खयाल रखना और अम्माँ तुम भी मेरी चन्दा को अपनी बेटी ही समझना।" उसके हाथ में अम्माँ का हाथ व नन्दन

का हाथ था कि एकदम से नन्दन का हाथ अपने-आप गिर गया था। उसने लपककर हाथ देखा था। वह ठण्डा पड़ गया था।

"नहीं...!" एकदम से वह चीखी थी, लेकिन तब तक सब-कुछ शान्त हो चुका था। वह भावनाशून्य हो उठी थी। उसके तीन माह बाद नन्दन और उसके प्यार की अमानत रोहित ने संसार में जन्म लिया था।

"अरे...!... यह क्या?.... नहीं... सेठ जी आप जबरदस्ती नहीं कर सकते... हट जाइये... अन्यथा अनर्थ हो जायेगा। नहीं...।" वह हड़बड़ाकर उठ बैठी थी...। वह बुरी तरह हाँफ रही थी... शरीर पसीने से लथपथ.... साँसें धौंकनी... चेहरा लाल, आँखों में भय एवं प्रतिशोध की रेखाएँ...। उसे चारों ओर अट्टहास करते हुए सेठ रोशनलाल के अनेक चेहरे दिखायी दे रहे थे।

"क्या बात है बहू?" तभी पीछे से अम्माँ की आवाज सुनायी पड़ी।"

"कुछ... कुछ नहीं अम्माँ.... बस एक खराब सपना दिखायी पड़ गया था।"

उसने देखा कि सूर्य की किरणें खिड़की से कमरे में पड़ रही थीं। सुबह के लगभग आठ बज गये थे।

"उठो बहू, आज कुछ देर हो गयी है, बँगले पर भी तो जाना है।"

"नहीं अम्माँ! आज मेरी तबीयत कुछ ठीक नहीं है। अकेले सेठ जी ही तो हैं रामू को खबर करा दो। वह जाकर उनके लिए खाना-वाना बना देगा।"

"ठीक है। अगर तबीयत ठीक नहीं है तो आराम करो। मैं रामू को खबर करा दूँगी।" अम्माँ ने उसे आश्वस्त किया।

वह अनमने भाव से उठी, बाथरूम चली गयी, लौटकर हाथ-मुँह धोकर चाय पीने लगी। आज उसका तन-मन सब-कुछ अस्थिर था। मस्तिष्क में कई चित्र आ-जा रहे थे। स्मृति-पटल की रेखाएँ गहरी हो गयी थीं। रह-रहकर उसके अन्तर्मन में नन्दन द्वारा दी गयी सौगन्ध याद आ रही थी, तो दूसरी ओर पास में खेल रहे रोहित की बाल-सुलभ मुस्कान भी उसके हृदय को झकझोर दे रही थी। उसकी सूनी आँखों में भयावह भविष्य कौंध उठा था।

चाय पीकर फिर वह निढाल होकर बिस्तर पर गिर पड़ी। आज उसकी परीक्षा का दिन था। उसकी स्थिति चक्रव्यूह में फँसे अभिमन्यु की तरह थी। नौकरानी का दंश शरीर के रोम-रोम में चुभ रहा था, मस्तिष्क में झंझावात-से उठ रहे थे।

इसी उधेड़बुन में उसकी आँख लग गयी थी। जब वह उठी तो शाम के पाँच बज चुके थे। आज उसने न तो स्नान किया था और न ही कुछ खाया था। जब वह सोकर उठी तो उसने हाथ-मुँह धोकर थोड़ा-सा भोजन किया और मन-ही-मन उसने दृढ़ निश्चय किया।

लगभग आठ बजे जब वह बँगले पर पहुँची तो रामू ने उसे बताया कि आज सेठ जी सात बजे ही फैक्ट्री से आ गये थे। उन्होंने तुम्हारे बारे में मुझसे पूछा था

तो मैंने तुम्हारे बीमार होने की बात उन्हें बता दी थी। उन्होंने मुझे तुम्हें बुला लाने के लिए कहा था। अब मैं सेठ जी को तुम्हारे आ जाने की सूचना दे देता हूँ। थोड़ी देर बाद जब वह सेठ जी के कमरे से लौटा तो उसने बताया।

''चन्दा! सेठ जी ने लगभग आधे घण्टे बाद तुम्हें अपने कमरे में खाना लेकर आने के लिए कहा है।''

''रामू! मेरी तबीयत ठीक नहीं है, तुम्हीं कमरे में खाना लगा देना।''

''नहीं, सेठ जी ने मुझे तुरन्त अपने घर जाने को कहा है। उन्हें तुमसे कुछ जरूरी बात भी करनी है। शायद तुमसे कुछ नाराज भी हैं।''

''ठीक है, मैं देख लूँगी'' शान्त भाव से उसने कहा। वह रामू को बँगले के बाहर जाते हुए देखती रही।

लगभग आधे घण्टे बाद जब वह खाना लगाकर सेठ जी के कमरे में पहुँची तो उसने देखा कि सेठ रोशनलाल अपने बिस्तर पर बैठे हुए गिलास में कुछ पी रहे हैं, तभी मेज पर रखी शराब की बोतल पर उसकी निगाह टिक गयी। वह अन्दर तक काँप गयी। वह आज पहली बार सेठ जी को शराब पीते हुए देख रही थी। रोशनलाल की आँखों में उद्दाम वासना के लाल डोरे तैर रहे थे।

''आओ मेरी जानेमन...बड़ा इन्तजार करवाया... बोलो तुमने क्या विचार किया है?'' रोशनलाल की आवाज लड़खड़ा रही थी।

वह निगाह नीचे किये मौन रही।

''अच्छा मैं समझ गया... मौनं स्वीकृति लक्षणम्।'' यह बात तो तुम्हें कल ही मान लेनी चाहिए थी। फिजूल में इतना बखेड़ा किया।'' सेठ रोशनलाल के चेहरे पर विजयी मुस्कान थी।

''नहीं मालिक, मेरा मौन रहना मेरी रज़ामन्दी नहीं है, बल्कि मेरी लाचारी, गरीबी और बेबसी है, जिसके कारण मैं असहाय हूँ। मेरी बात मान लीजिये मालिक... यह अन्याय न कीजिये।'' वह गिड़गिड़ायी।

''चोप... साली।... ज्यादा बातें न बना।'' सेठ रोशनलाल चीखे।

'ठीक है मालिक! आपके सामने मेरा केवल शरीर है, जो कि आपकी माँ-बहन का भी है और एक गरीब, बेबस लाचार नौकरानी का भी।... जो आपकी मर्जी।'' कहते हुए उसका कण्ठ अवरुद्ध हो गया था, उसकी आँखों से अश्रुधारा बहने लगी।

''अच्छा! तू तो अच्छा-खासा प्रवचन भी कर लेती है।'' कहते हुए सेठ जी ने उसे अपनी बाँहों में भर लिया। वासना का ज्वार हिलोरें ले रहा था। रोशनलाल के धैर्य का बाँध टूट चुका था और वे एक वहशी दरिन्दे की भाँति उस पर टूट पड़े थे।

●

बुआ जी

मैं अपने कार्यालय में अधिकारियों द्वारा आहूत समीक्षा बैठक में था, उसी बैठक के दौरान घर से मेरे मोबाइल में शालिनी की कॉल आ गयी, मैंने अत्यन्त धीमे स्वर में मोबाइल से तुरन्त कहा, ''मैं इस समय अधिकारियों की मीटिंग में व्यस्त हूँ, थोड़ी देर बाद बात करना।''

यह कहकर मैंने मोबाइल को स्विच ऑफ कर दिया, किन्तु मेरा मन किसी अनहोनी आशंका से काँप उठा।

मीटिंग समाप्त हो जाने पर मैं अपने चेम्बर पहुँचा, वहाँ पर मैंने अपने मोबाइल को ऑन कर शालिनी को पुनः कॉल मिलाया।

''क्या बात है शालिनी?''

''कुछ नहीं, आप बस तुरन्त इसी समय घर पर आ जाइये।''

''कुछ बताओ तो सही।''

''बस तुरन्त घर आ जाइये, यहीं पर सब बता दूँगी।''

मैंने तुरन्त अपने बॉस से आवश्यक कार्यवश घर जाने की अनुमति माँगी। उन्होंने मुझसे पूछा–

''क्या बात है सर्वेश, कुछ विशेष बात है?''

''सर, कुछ विशेष कारण से घर जाना आवश्यक हो गया है।''

''ठीक है, आप जा सकते हैं।''

जैसे ही मैं घर पहुँचा और घर की कॉलबेल बजायी, तो पत्नी ने दरवाजा खोला, उसे देखते ही मैं चौंक पड़ा। उस समय उसकी आँखें नम थीं, उसका गला रुँधा हुआ था, वह चाहकर भी कुछ बोल नहीं पा रही थी, उसकी स्थिति देखकर मेरा सर्वाङ्ग सिहर उठा, अचानक मेरे भी दिल की धड़कन बढ़ गयी थी। मैं सब-कुछ जानने के लिए व्यग्र हो उठा।

''क्या हुआ शालिनी?''

मेरे इस प्रश्न पर उसने अपनी नम आँखों से मुझे देखकर कुछ कहना चाहा किन्तु कुछ कह न सकी, उसकी यह दशा देखकर मैं स्वयं अन्दर तक घबरा गया, मैंने उसके कन्धों को झकझोरते हुए कहा–''क्या हुआ शालिनी, तुम कुछ बोलती क्यों नहीं?''

मेरे इस प्रश्न पर वह मेरे कन्धे पर अपना सिर रखकर फफककर रो पड़ी, रोते-रोते ही उसने कहा–''बुआ जी... बुआ जी... अब... नहीं रहीं।''

''क्या कह रही हो?'' जैसे ही मैंने उसका सिर अपने कन्धे से उठाया, उसकी आँखों से अविरल अश्रुधारा प्रवाहित होने लगी।

''हाँ, अभी आधा घण्टा पहले ही खबर मिली है कि बुआ जी का पी.जी.आई. में देहान्त हो गया है।''

सम्पूर्ण घर में सन्नाटा पसरा हुआ था, छोटे बच्चे समझ नहीं पा रहे थे कि आखिर मम्मी-पापा इतने उदास क्यों हैं? मैंने कहा–''रात-भर तो मैं एवं वर्मा आण्टी जी तथा राजा भाई साहब वहीं पी.जी.आई. में थे, सुबह राजन और उनके मित्र के आने के बाद ही तो हम लोग वहाँ से आये थे।''

इस पर शालिनी मौन रही, कुछ देर बाद...

''क्या बुआ जी का शव यहाँ पर आ गया है?''

''नहीं, अभी तो नहीं आया है। राजन और दीपा वहीं पर हैं, अभी एक घण्टा पहले ही राजन ने मोबाइल से यह सूचना दी थी।''

मैंने राजन का मोबाइल मिलाया–''हैलो, भाई साहब आप कहाँ पर हैं?''

''मैं अभी पी.जी.आई. में हूँ।''

''क्या बुआ जी अब नहीं रहीं?''

''हाँ, यह सच है।'' मोबाइल पर राजन का करुण स्वर गूँजा।

''अरे!''

''हाँ भाई साहब, उन्हें लेकर लगभग एक घण्टे में घर पहुँच रहा हूँ।'' उन्होंने यह कहकर मोबाइल काट दिया।

लगभग एक घण्टे में ही उनका शव घर आ चुका था, उनके शव के आते ही सभी मुहल्लेवाले घर के सामने एकत्रित हो गये थे, मैंने जब उनका शव देखा, तो देखा कि उनके निस्तेज चेहरे पर भी एक अभूतपूर्व चमक थी, ऐसा लग रहा था कि जैसे कोई संन्यासिन समाधि में लीन हो।

बुआ जी पूरे मुहल्ले में बुआ जी के ही नाम से मशहूर थीं, क्या छोटे, क्या बड़े, सभी लोग उन्हें बुआ जी के नाम से ही जानते थे, उनकी मीठी वाणी और व्यवहार ही ऐसा था कि मुहल्ले के सभी लोग उनके प्रशंसक थे।

अभी दोपहर का एक ही बजा था, सभी लोगों ने यह निर्णय लिया कि इनकी आज ही अन्त्येष्टि कर दी जाये, इनके पति सुरेश सिंह व बेटे संचित को पूर्व में ही राजन ने सूचना दे दी थी, जब तक शवयात्रा की तैयारी की जा रही थी, सुरेश सिंह व संचित दोनों लोग आ चुके थे जबकि उनकी एकमात्र बेटी नेहा नासिक में होने के कारण नहीं आ सकी थी।

सुरेश सिंह द्वारा अपनी पत्नी को मुखाग्नि दी गयी, उनके अन्तिम संस्कार के समय मुहल्ले के सभी लोग उपस्थित थे, उनकी आँखें नम थीं। अन्त्येष्टि क्रिया सम्पन्न होने के पश्चात् सभी लोग अपने-अपने घर वापस आ गये। मैं भी जब नहा-धोकर फ्रेश हुआ, तो पत्नी ने कहा—"बच्चों के साथ डिनर ले लीजिये।"

"नहीं, मेरी कुछ इच्छा नहीं है, आप ही बच्चों के साथ कुछ खा-पी लीजिये?"

"आप सुबह आफिस जाते समय भी हलका-फुलका नाश्ता करके गये थे, थोड़ा-सा ही ले लीजिये" शालिनी ने कहा।

"नहीं, मेरी बिलकुल इच्छा नहीं है।"

"इच्छा तो मेरी भी नहीं है, बच्चों को मैं खिला-पिला देती हूँ।"

यह कहकर उसने बच्चों को दोपहर का ही बचा हुआ थोड़ा-बहुत भोजन खिला दिया क्योंकि शाम को शालिनी ने कुछ बनाया भी नहीं था।

बच्चों के खाने-पीने के बाद सभी बिस्तर पर लेट गये। बच्चे तो जल्दी ही सो गये, मैं अपनी आँखें बन्द किये हुए नींद का इन्तजार कर रहा था, किन्तु नींद कोसों दूर थी। मेरे मन-मस्तिष्क में बुआ जी के बारे में अनेक विचार-लहरियाँ उठ रही थीं।

बुआ जी को लगभग दो माह पहले हार्ट-अटैक हुआ था और उनके हार्ट के वाल्व ब्लाक होने के कारण एन्जिओप्लास्टी करायी गयी थी, जिसके कारण वे पूर्णरूपेण स्वस्थ थीं। सब चीजें वे खाती-पीती रहती थीं, उनका भतीजा और उसकी पत्नी उनकी सेवा करते थे तथा उनके छोटे भाई की पत्नी एवं उनके तीन बच्चे भी उन्हीं के साथ रहते थे तथा उनकी सेवा में दिन-रात लगे रहते थे।

जिस दिन बुआ जी की मृत्यु हुई थी, उससे पहले बीती रात में अचानक बुआ जी की तबीयत खराब हो जाने के कारण उनके भतीजे की पत्नी दीपा ने मेरी पत्नी को रात में लगभग एक बजे मोबाइल पर फोन किया कि "भाई साहब को तुरन्त भेज दीजिये, बुआ जी की तबीयत बहुत खराब है और राजन सरकारी कार्य से बाहर गये हुए हैं।" इस पर शालिनी ने मुझे अत्यन्त घबराये स्वर में झिंझोड़ते हुए जगाया, उस समय मैं गहरी नींद में था, इस तरह झिंझोड़े जाने पर मैं क्रोध में बड़बड़ाया—"क्या बात है? मुझे बहुत गहरी नींद आ रही है।"

इस पर शालिनी ने घबराये हुए स्वर में कहा—"अरे उठिये, अभी-अभी दीपा जी का फोन आया था, बगलवाली बुआ जी की तबीयत अचानक बहुत खराब हो गयी है।"

यह सुनकर मैं हड़बड़ाकर अपनी आँखें मलते हुए उठ बैठा—"क्या कहा?"

"अभी बगल में दीपा जी का फोन आया था, बुआ जी की तबीयत बहुत अधिक खराब हो गयी है, उन्होंने आपको तुरन्त बुलाया है, राजन किसी सरकारी काम से बाहर गये हुए हैं।"

"ठीक है तुम बच्चों के साथ यहीं घर पर रहो, मैं देखता हूँ कि उनकी कैसी स्थिति है?"

यह कहकर मैं तुरन्त कपड़े पहनकर वहाँ पहुँचा तो दीपा ने बताया कि बुआ जी को खून की उल्टियाँ हो रही हैं, बुआ जी बुरी तरह से हाँफ रही थीं। आशीष और गीता उन्हें सहारा दिये हुए थे।

"इन्हें दो खून की उल्टी हो चुकी है, किनारे पड़ी पीकदान में खून पड़ा था।"

"अरे... अरे... पीकदान दो... मुझे उल्टी आ रही है।"

यह सुनते ही तुरन्त गीता ने पीकदान बुआ जी के मुँह के सामने कर दिया, मेरे सामने ही उन्हें एक खून की उल्टी हो गयी?

"क्या किया जाय? भाई साहब!" घबराये हुए स्वर में दीपा ने कहा।

"चिन्ता न करिये भाभी जी, अभी कुछ-न-कुछ व्यवस्था की जाती है?" यह कहकर मैंने अपने मोबाइल से बगल में रहनेवाली वर्मा आण्टी एवं राजा श्रीवास्तव को फोन मिलाया और उन्हें बुआ जी के अस्वस्थ होने की सूचना देते हुए तुरन्त बुआ जी के घर पहुँचने को कहा।

लगभग पन्द्रह मिनट में ही दोनों लोग घर आ गये, मैंने राजा श्रीवास्तव से कहा—"भाई साहब, इस समय बुआ जी की तबीयत बहुत खराब है, आप अपनी कार निकालिये, जिसमें बुआ जी को लेकिर सिविल हॉस्पिटल चला जाय", इस पर बुआ जी ने कहा—"आप... लोग... अब... परेशान न हों... मैं अब सोना चाहती हूँ।"

"आप चिन्ता न करें, बुआ जी, आपको अस्पताल से दिखा लाने के पश्चात् फिर ले आयेंगे।"

शीघ्र राजा श्रीवास्तव कार लेकर आ गये, मैं वर्मा आण्टी, गीता व आशीष बुआ जी को लेकर गाड़ी में बैठ गये, साथ ही दीपा जी से कहा—"भाभी जी, आप छोटे-छोटे बच्चों के साथ घर पर ही रुकें, हाँ! राजन को इस बात की सूचना अवश्य दे दीजिये।"

"ठीक है भाई साहब।"

यह कहकर हम लोग बुआ जी को लेकर तुरन्त सिविल अस्पताल के इमरजेन्सी कक्ष में ले गये, उन्हें ड्यूटी पर कार्यरत डॉक्टरों को बताया। जैसे ही उन्हें स्ट्रैचर पर लाकर बेड पर लिटाया गया, उन्हें खून की एक उल्टी हो गयी, डॉक्टरों ने बड़ी मुश्किल से नाड़ी खोजकर खून की उल्टी बन्द करनेवाले इन्जेक्शन दिये और उन्हें ग्लूकोज चढ़ाया जाने लगा, किन्तु बीस मिनट बाद ही दूसरी खून की उल्टी हो जाने पर डॉक्टरों ने कहा—"इनकी स्थिति गम्भीर है, इन्हें मेडिकल कॉलेज के ट्रामा सेण्टर या पी.जी. आई. ले जाइये। इस पर हम सभी लोगों ने डॉक्टरों से पी.जी.आई. ले जाने हेतु एम्बुलेन्स उपलब्ध कराने तथा वहाँ के लिए रिफर करने का अनुरोध किया। हम लोगों

के अनुरोध पर तत्काल एम्बुलेन्स उपलब्ध हो गयी। वर्मा आण्टी, गीता व एक-दो लोग एम्बुलेन्स पर ही बुआ जी के साथ बैठ गये, मीता और आशीष ग्लूकोज को चढ़ा हुआ डिप पकड़े बैठे हुए थे।

पी.जी.आई. में डॉक्टरों से अनुरोध करने पर इमरजेन्सी वार्ड में भर्ती कर लिया गया। डॉक्टरों की टीम उनकी चिकित्सा में लग गयी। हम लोग सुबह सात बजे तक वहीं रहे, तब तक राजन और उनके साथ एक-दो मित्र भी पी.जी.आई. पहुँच गये थे। उन्होंने हम लोगों से कहा—''भाई साहब, आप सभी लोग हमारी अनुपस्थिति में रात-भर जागकर बुआ जी की देख-भाल करते रहे हैं, इसका किस तरह से शुक्रिया अदा करूँ।''

''इसमें शुक्रिया की क्या बात है,'' वर्मा आण्टी बोलीं।

''अरे, यह तो पड़ोसी होने के नाते हम सबका कर्त्तव्य है।'' राजा श्रीवास्तव ने कहा।

''अरे भाई साहब, बुआ जी सिर्फ आपकी ही बुआ जी नहीं हैं, बल्कि वह पूरे मोहल्ले की बुआ जी हैं।'' मैंने कहा।

''ठीक है भाई साहब, अब हम और हमारे साथी लोग तब तक बुआ जी की देखभाल करते हैं। पापा जी भी रात में ही बरेली से चल दिये हैं, वे भी यहाँ शीघ्र ही पहुँच जायेंगे। बुआ जी की जैसी भी स्थिति रहती है, आप लोगों को फिर बुला लेंगे।'' गीता ने कहा।

राजा श्रीवास्तव एवं वर्मा आण्टी के साथ मैं भी अपने घर लौट आया। घर में आते ही शालिनी ने पूछा—

''अब बुआ जी की तबीयत कैसी है?''

''अभी उनकी स्थिति सीरियस है लेकिन डॉक्टरों ने भरोसा दिलाया है कि उन्हें बचा लिया जायेगा।''

''ईश्वर करे वह बच जायें।''

''सच कहती हो शालिनी, उनके जैसे निश्छल स्वभाववाला व्यक्तित्व खोजे नहीं मिलता है।''

''क्या आप ऑफिस जायेंगे?''

''हाँ, जाना पड़ेगा, आज एक महत्त्वपूर्ण मीटिंग भी लगी है?''

''ठीक है मैं हलका-फुलका भोजन बना देती हूँ।''

''ठीक है, किन्तु आज टिफिन मत पैक करना और बुआ जी की जैसी हालत हो, मोबाइल पर बताते रहना।''

यह कहकर मैं ऑफिस जाने की तैयारी करने लगा, तैयार होकर थोड़ा-बहुत भोजन करके आफिस रवाना हुआ था। पिछली रात का एक-एक चित्र मेरे मानस-पटल पर अंकित-सा हो गया था।

रात जैसे ही मैंने सोने के लिए करवट लिया, मुझे नींद तो नहीं आयी, किन्तु बुआ जी के संघर्षपूर्ण जीवन की एक-एक घटना मेरे मानस-पटल पर घूमने लगी। जो मैंने उनसे और मुहल्ले के लोगों से सुन रखा था।

बुआ जी का विवाह लगभग पैंतालीस वर्ष पूर्व डॉक्टर सुरेश सिंह से हुआ था, उस समय उनकी उम्र लगभग सत्रह-अठारह वर्ष की थी और वह हाईस्कूल पास थीं, इन दोनों से संचित और नेहा का जन्म हुआ किन्तु वह सुरेश सिंह की शराबखोरी की लत तथा ऐयाशी की प्रवृत्ति से बहुत परेशान थीं। कुछ समय पश्चात् सुरेश सिंह का सम्बन्ध सरकारी अस्पताल की एक नर्स दमयन्ती से हो गया, इस पर बुआ जी ने कड़ी आपत्ति व्यक्त की—

"देखिये, अब हम लोगों के एक बेटा और एक बेटी है, हमें बच्चों को उत्तम संस्कार भी देने हैं, यदि आपका यही रवैया रहा तो... ।"

"तो... तो क्या?"

"एक दिन बच्चे बिगड़ जायेंगे।"

"देखिये आप हमारे व्यक्तिगत जीवन में कोई दखलन्दाजी नहीं करेंगी।"

"क्यों नहीं करूँगी? सहने की भी एक सीमा होती है।"

"ठीक है इसका जवाब भी आपको शीघ्र मिल जायेगा।"

अगले दिन डॉ. सुरेश सिंह उस नर्स को अपने घर पर ही लेकर आ गये और बुआ जी से सीधे कहा—"सुनो सविता, आज से यह यहाँ पर रहेगी, तुम अपने बच्चों के साथ कोई दूसरा ठिकाना ढूँढ़ लो।"

"क्या...!" अपने पति को नर्स के साथ देखकर उनकी आँखें फटी-की-फटी रह गयीं, फिर बोलीं—"क्या तुम विवाह के सात फेरे और वचन सब-कुछ भूल गये हो?

"हाँ, मैं सब-कुछ भूल गया हूँ।" डॉ. सुरेश शराब के नशे में चूर थे।

"अभी आप शराब के नशे में हैं, इसलिए मैं आपसे कोई बात नहीं करना चाहती हूँ, जब नशा दूर हो जाय, तब जो भी निर्णय लेंगे, वह मुझे मंजूर होगा।"

"मेरा यही निर्णय है, सविता।" यह कहकर वह पलँग पर निढाल होकर गिर पड़े।

बुआ जी ने उनके साथ आयी नर्स से कहा—"बहन, इसमें तुम्हारी कोई गलती नहीं मानती हूँ, लेकिन यह सत्य है कि हम दोनों में से एक ही इस घर में रह सकेगी।"

"देखिये सविता जी, आपके पति हमारे बॉस हैं, इसलिए मैं इस सम्बन्ध में कुछ नहीं कह सकती हूँ।"

"खूब कहा... यदि हमारे पति आपके बॉस हैं, तो क्या आप अपने बॉस की सभी उलटे-सीधे आदेश मान लेंगी।"

"आप जैसा भी समझें। इस सम्बन्ध में आप अपने पति से बात करिये।"

"ठीक है बहन, आप बगल के कमरे में सो जाइये, सुबह मेरे पति जो भी निर्णय करेंगे, मुझे मानने में कोई एतराज नहीं है।"

रात-भर सविता को नींद नहीं आयी, उसे वह रात याद आयी जब वह विवाह-मण्डप में गुलाबी परिधान में आयी थी, उस समय उसकी सुन्दरता देखकर बारातियों ने दाँतों तले उँगली दबा ली थी। उसने सुरेश के साथ सात फेरे लिये थे, किन्तु विवाह के पश्चात् पाँच वर्षों का परिधान आज तार-तार होकर बिखर गया था, वह रात-भर रोती रही, रोते-रोते सुबह तक आँखें सूज गयी थीं, उसके बगल में दोनों बच्चे नेहा एवं संचित सो रहे थे, सुबह जब सुरेश सिंह की नींद खुली तो सबसे पहले उन्होंने सविता से पूछा—"सविता, बोलो दमयन्ती कहाँ है?"

सविता ने दूसरे कमरे की ओर इशारा कर दिया। सुरेश ने दमयन्ती को जगाकर अपने साथ ले आये और उसके कन्धे पर हाथ रखते हुए कहा—"सुनो सविता, आज से दमयन्ती मेरे साथ इसी घर में रहेगी, तुम कहीं दूसरा ठिकाना खोज लो।"

सविता सूनी आँखों से यह दृश्य देख रही थी, उसकी वाणी मूक थी, हृदय में असीम वेदना की लहरें उठ रहीं थीं, किन्तु उस समय वह अपने-आपको निरीह, बेबस एवं लाचार पा रही थी।

"आप मेरी बिलकुल चिन्ता न करें, लेकिन इन छोटे-छोटे बच्चों का क्या भविष्य होगा?" अपने सोते हुए बच्चों की ओर कातर दृष्टि से देखते हुए सविता ने कहा।

"ये बच्चे तुम्हारे हैं, तुम इन्हें अपने साथ ले जा सकती हो।"

"अरे, आप इतने अधिक निष्ठुर हो गये हैं कि आपको न तो मेरी फिक्र है और न ही इन छोटे-छोटे बच्चों की...।"

"ज्यादा उपदेश देने की कोशिश मत करो, मैं कल ही आपको आपके पिता जी के घर छोड़ दूँगा।"

"नहीं, ऐसा एहसान करने की भी कोई आवश्यकता नहीं है, मैं अपना लक्ष्य स्वयं खोज लूँगी।" अचानक सविता के चेहरे पर एक दृढ़ संकल्प की रेखा खिंच आयी थी।

उसी दिन सविता अपने दोनों बच्चों को साथ लेकर अपने मायके आ गयी थी, जब उसके पिता जी एवं भाइयों ने यह सुना तो वे हक्का-बक्का होकर रह गये। उनके पिता जी ने सविता को सान्त्वना देते हुए कहा—"घबराओ नहीं बेटी, मैं सुरेश को समझाऊँगा।"

"कोई फायदा नहीं पिता जी, अब मैं अपना मार्ग स्वयं खोजूँगी।"

"अरे!... तुम अपना सम्पूर्ण जीवन अकेले कैसे काटोगी?"

"तो क्या हुआ पिता जी... बस आपका और माँ जी का प्यार ही हमारी सबसे बड़ी पूँजी है।"

इसके पश्चात् बुआ जी ने आगे शिक्षा ग्रहण करके स्वयं अपने पैरों पर खड़े होने का फैसला किया, बुआ जी ने अपने दोनों बच्चों के लालन-पालन के साथ-साथ शिक्षा का क्रम भी जारी रखा।

बुआ जी की एक बड़ी बहन तथा दो छोटे भाई थे। एक दिन बड़ी बहन अपने पति के साथ घर आयी तो उन्होंने सविता से कहा—"सुनो सविता, मुझे आपसे एक अनुरोध करना है।"

"नहीं दीदी, आप आदेश करें, मुझसे अनुरोध का क्या प्रश्न है?"

"देखो हम दोनों के सन्तान के नाम पर मात्र तीन बेटियाँ हैं।" बहन के पति तन्मय ने कहा।

"क्या कहना चाहते हैं, जीजा जी...। लगता है कि आप कोई पहेली बुझा रहे हैं।" हँसते हुए बुआ जी ने कहा।

"नहीं सविता... थोड़ा संकोच हो रहा है, वास्तव में हम दोनों आपके बेटे संचित को गोद लेना चाहते हैं।" सिर नीचे रखते हुए तन्मय ने कहा।

"क्या...?"

"हाँ सविता, देखो... देखो हमारे पास भी वंश चलाने का कोई आधार नहीं है और तुम्हें भी बच्चों के लालन-पालन में दिक्कत का सामना करना पड़ता है।" दीदी ने कहा।

"लेकिन दीदी, अब मैं अपने पैरों पर खड़ी होना चाहती हूँ, इसलिए मुझे दोनों बच्चों के लालन-पालन में कोई समस्या नहीं होगी।"

"देखो सविता, तुम मेरी छोटी बहन हो, फिर भी मैं तुम्हारे सामने अपनी झोली फैलाकर तुम्हारे बेटे संचित को माँग रही हूँ।" यह कहकर आराधना ने सविता के सामने अपनी साड़ी का पल्लू फैला दिया।

"ठीक है दीदी... कुछ मुझे भी सोचने का मौका दीजिये।"

"ठीक है सविता। हम लोग बड़ी आशा और विश्वास के साथ तुम्हारे आगे अपनी झोली फैला रहे हैं।" यह कहकर आराधना ने फिर अपनी साड़ी का पल्लू सविता के सामने फैला दिया।

"अरे... दीदी... आप यह सब मत कीजिये, कुछ मुझे सोचने का मौका तो दीजिये।"

सविता उस रात बिलकुल भी सो न सकी थी, अभी एक वर्ष पूर्व ही वह अपने पति को खो चुकी थी, आज उससे एकमात्र बुढ़ापे की लकड़ी भी माँगी जा रही है।

उसके मानस-पटल पर एक-से-एक चित्र घूम रहे थे। एक ओर उसे पुत्र-मोह हो रहा था, तो दूसरी ओर उसे जीजा एवं बड़ी दीदी द्वारा उसके सामने फैलाये गये साड़ी के पल्लू की याद आ रही थी। जीजा एवं दीदी रात्रि में वहीं पर रुके हुए थे। अगले दिन जब सब लोग नहा-धोकर नाश्ते के लिए बैठे तो सविता उस समय अपने दो वर्ष के बेटे संचित को अपनी गोद में लिये हुए थी तथा उसकी बड़ी बेटी नेहा जिसकी उम्र

लगभग पाँच वर्ष की थी, वह भी साथ में नाश्ता कर रही थी। जब सभी लोग नाश्ता कर चुके तभी अचानक सविता ने कहा–

''दीदी, जरा अपना साड़ी का पल्लू फैलाना और जीजा जी आप भी साथ में खड़े हो जाइये।''

''क्या बात है सविता, बताओ तो।'' आराधना ने कहा।

''दीदी जैसा मैं कहती हूँ पहले वैसा ही करिये।''

आराधना ने अपनी साड़ी का पल्लू फैला दिया। उनके साथ तन्मय भी खड़े हो गये। सविता ने अपने प्यारे बेटे संचित को आराधना की गोद में देते हुए कहा–''जीजा जी एवं दीदी, आज से संचित आपका बेटा हुआ, बस केवल मेरी एक ही इच्छा है कि इसको कोई कष्ट न होने पाये, क्योंकि मैं अपना कलेजा निकालकर दे रही हूँ।''

यह दृश्य देखकर परिवार के सभी सदस्यों की आँखों में आँसू भर आये, किन्तु उस समय सविता की आँखों में कोई आँसू नहीं थे, उसने पत्थर दिल होकर यह निर्णय लिया था। उसके इस दान पर आराधना एवं तन्मय सविता के पैर छूने के लिए आगे बढ़े, तभी सविता ने उन्हें रोक दिया–''अरे, यह सब आपको शोभा नहीं देता। ईश्वर जो करता-कराता है वह अच्छा ही होता है।''

यह बात आयी-गयी हो गयी, धीरे-धीरे सविता बुआ जी ने ग्रेजुएशन पूरा कर लिया और उन्हें अपनी योग्यता के बलबूते रेलवे विभाग में नौकरी भी मिल गयी, वे अपने विभागीय दायित्वों के निर्वहन के साथ-साथ अपनी बेटी नेहा एवं भाई-भतीजों की भी देख-भाल करती थीं। तभी अचानक वज्रपात हुआ कि उनके पिता जी हार्ट-अटैक में चल बसे और तब से उनकी माता जी क्षोभ में रहने लगीं। एक वर्ष बाद अचानक तबीयत अधिक खराब हो गयी, उस समय सविता अपने कार्यालय में थी, जैसे ही उनको सूचना मिली, वे आयीं और उन्हें दोनों भाइयों के साथ मिलकर माता जी को अस्पताल ले जाने लगीं तभी–''सविता रुको... अब मेरे जाने का समय आ गया है... देखो कुछ लोग मुझे लेने आये हैं।''

''नहीं माँ... यदि तुम्हारा भी साथ छूट गया तो मैं किसके सहारे जीवन काटूँगी।''

''नहीं, अब तुम्हें अपना पथरीला रास्ता खुद तय करना है, बस चलते-चलते मुझे एक वचन दे दो, ताकि मुझे किसी तरह की कोई चिन्ता न रहे।''

''बोलो माँ... बोलो... क्या कहना चाहती हो...।''

''बस यही... कि मेरे बाद नेहा के साथ-साथ अपने भाई-भतीजों का भी पूरा खयाल रखना।''

''हाँ माँ... मैं पूरा खयाल रखूँगी... किन्तु अभी जाने की बात मत करो, तुम ठीक हो जाओगी...।'' सविता की आँखें नम थीं।

तब तक उनकी माँ के प्राण-पखेरू उड़ चुके थे। अपने माता-पिता के देहावसान के पश्चात् उन्होंने अपने को सम्हाला, उनके सामने एक भाई का तो पहले ही विवाह हो चुका था, तथा दूसरे भाई का भी विवाह उन्होंने तय कराया, किन्तु उनके ससुराल पक्षवालों ने अपनी लड़की के सम्बन्ध में गलत सूचना देकर मानसिक रूप से असन्तुलित दिमागवाली लड़की का विवाह उनके भाई से कर दिया। इसको लेकर छोटे भाई ने सविता को काफी-कुछ भला-बुरा कहा। वे चुपचाप सिर झुकाये सुनती रहीं। बाद में उन्होंने बस इतना ही कहा कि–"भैया, तुमको मेरी राखी की कसम, अपनी इस बहू को जैसी भी हो स्वीकार कर लो, अन्यथा यह कहीं आत्म-हत्या न कर ले।"

"ठीक है दीदी, यदि आपने राखी की कसम दिलायी है, तो मैं आजीवन इसका पालन करूँगा, लेकिन अब मैं न तो इस घर में रहूँगा और न ही हमारा-आपका कोई सम्बन्ध रहेगा।"

"क्या...!" सविता का मुँह आश्चर्य से खुला रह गया।

"हाँ दीदी, आपसे और बड़े भैया से मेरा अब कोई सम्बन्ध नहीं रहेगा। अब मैं अलग घर में रहूँगा।" यह कहकर पैर पटकते हुए वह वहाँ से चला गया और तीन दिन के अन्दर ही अपना सब सामान आदि लेकर उसी शहर में किराये के मकान में रहने लगा।

धीरे-धीरे सविता ने नेहा की बढ़ती हुई उम्र को देखकर विधिवत् जाँच-परखकर उसकी शादी कर दी। इस बार वह चौकस थीं कि कहीं उनके छोटे भाई के साथ हुए हादसे की पुनरावृत्ति न हो जाये।

धीरे-धीरे सविता अपने विनम्र स्वभाव, आचरण एवं मिलनसारिता के कारण सम्पूर्ण मुहल्ले में बुआ जी के नाम से चर्चित हो गयी थीं। उनकी वाणी में मिठास थी जो बरबस लोगों को आकर्षित करती थी। क्या छोटा, क्या बड़ा, सभी उन्हें बुआ जी के नाम से ही पुकारते थे।

कभी-कभी उनकी दीदी एवं जीजा जी भी घर आते-जाते थे, बुआ जी अपने बेटे संचित तथा तीनों भतीजियों को खूब प्यार करती थीं। आगे चलकर आखिरकार एक दिन संचित को सब-कुछ पता चल गया।

दूसरे दिन वह अकेले बुआ जी के घर पहुँचा, उसे अकेले देख सविता को बड़ा आश्चर्य हुआ–

"बेटा, तुम यहाँ अकेले आये हो, मम्मी - पापा कहाँ हैं?"

"नहीं, वे नहीं आये हैं?"

"क्यों...?"

"बस यों ही।"

"अच्छा..."

आज संचित के चेहरे पर क्रोध, हताशा एवं तनाव की रेखाएँ दिख रही थीं और आते समय उसने पैर तक नहीं छुआ था, इससे सविता यह तो समझ गयी थी कि कुछ गड़बड़ अवश्य है। सविता ने उसे बैठने को कहा, ''अरे बैठो तो, मैं कुछ नाश्ता-पानी लाती हूँ।''

''मैं यहाँ पर न तो बैठने आया हूँ और न ही कुछ खाने-पीने आया हूँ।''

''आखिर बात क्या है?''

''पहले आप यह बताइये, मेरी माँ कौन हैं?''

संचित का यह प्रश्न सुनते ही सविता का दिमाग घूमने लगा, साँस धौंकनी की तरह चलने लगी, जबान तालु से चिपक गयी, किसी तरह अपने को सम्हालकर पलँग पर बैठ गयीं। पास में रखे हुए जग से ही मुँह लगाकर थोड़ा पानी पिया, फिर थोड़ा संयत होकर बोलीं–

''बेटा, तुम्हें इससे क्या लेना-देना?''

''लेना-देना है, आप सीधे-सीधे यह क्यों नहीं कहती हैं कि मैं ही आपका बेटा हूँ और आपने मुझे मौसी को गोद दे दिया था।''

''हाँ बेटा, यही सत्य है।'' अब सविता ने कुछ भी छिपाना उचित न समझा।

''आखिर क्यों?''

''इसलिए कि तुम्हारी तन्मय जीजा एवं आराधना दीदी ने मुझसे तुम्हें गोद लेने के लिए माँगा था और उस समय तुम दो वर्ष के थे और तुम्हारे पिता जी ने एक वर्ष पूर्व ही हम तीनों को अपने घर से बाहर कर दिया था।''

''तो...!''

''मैंने तुम्हारी भलाई के लिए ही गोद दिया था कि वहाँ तुम्हारा विधिवत् लालन-पालन हो जायेगा, अच्छी-से-अच्छी शिक्षा मिल जायेगी और सभी वस्तुएँ...।''

''बस... बस आगे मुझे कुछ नहीं सुनना है।''

''तो इसमें अनुचित क्या है? यह तो मैंने तुम्हारी भलाई के लिए ही किया था।'' सविता के आँखों में आँसू बहने लगे थे।

''उचित-अनुचित मैं कुछ नहीं जानता, लेकिन तुम्हारा गोद देना पूरी तरह अनुचित था। आप मुझे चाहे सूखी रोटी और नमक खिलाकर बड़ा करतीं... मुझे कोई एतराज न होता।''

सविता मौन थी, बस उसकी आँखों से अविरल अश्रुपात हो रहा था, उसकी कुछ भी समझ में नहीं आ रहा था कि वह आखिर क्या करे।

''आपके झूठ-मूठ के आँसू बहाने से मैं पिघल नहीं जाऊँगा, हाँ, इतना अवश्य सुन लो कि मैं अब आपके जीते जी इस घर में कदम नहीं रखूँगा।''

''नहीं बेटा... ऐसा मत करना।''

यह कहकर वह पैर पटकते घर से बाहर निकल गया। वह थोड़ी दूर तक सड़क पर उसके पीछे-पीछे गयी, अचानक बेहोश होकर सड़क पर ही गिर पड़ी, तभी मुहल्ले-वालों की निगाहें बुआ जी पर पड़ीं, वे उन्हें घर पर ले आये, बेहोशी टूटने पर उनसे पूछा–

"क्या हुआ बुआ जी?"

"कुछ नहीं।"

"आप सड़क पर बाहर बेहोश पड़ी थीं।"

"अच्छा... अरे हाँ, मुझे आज सुबह से ही सिर-दर्द था, ऑफिस से आने के बाद सड़क पर टहलने लगी, वहीं पर चक्कर आने से गिर पड़ी।" यह कहकर उन्होंने बात को टाल दिया।

लेकिन इस घटना ने बुआ जी को अन्दर से बुरी तरह तोड़ दिया था, एक तरफ पति छूटने का दर्द, दूसरी ओर भाई की उदासीनता और अब बेटे द्वारा उनसे किये गये सम्बन्ध-विच्छेद ने उन्हें ब्लड-प्रेशर का मरीज बनाकर रख दिया, लेकिन धीरे-धीरे वह सामान्य हुई और पुनः सामान्य जीवनयापन करने लगीं।

वर्षों बाद अचानक एक दिन डॉ. सुरेश सिंह घर पर आ गये, उन्हें अचानक घर आया देखकर बुआ जी आश्चर्य में पड़ गयीं फिर बोलीं–

"आप यहाँ...!"

"हाँ सविता... मैं आपके पास आया हूँ, उस समय मुझसे बहुत बड़ी गलती हो गयी थी।"

"आपको अपनी गलती का अहसास पैंतीस वर्ष पश्चात् हो रहा है, आखिर इसमें राज क्या है?" सविता ने व्यंग्य करते हुए कहा।

"मुझसे और दमयन्ती से कोई सन्तान नहीं हुई और पिछले वर्ष दमयन्ती भी खत्म हो गयी।" डॉ. सुरेश सिर झुकाये खड़े हुए थे।

"अच्छा, यह बात है, दमयन्ती के खत्म होने और कोई सन्तान न होने पर आपको मेरी याद आयी है।"

"नहीं, ऐसी बात नहीं है।"

"कोई बात नहीं, लेकिन अब सब-कुछ समाप्त हो गया, अब हमारा-आपका कोई रिश्ता नहीं।"

"क्या...?"

"जी सुरेश जी... मैं उसी समय सातों फेरे तोड़कर आ गयी थी और जिस तरह आप स्वतन्त्र हैं, उसी तरह मैं भी...।"

यह कहकर बुआ जी ने डॉ. सुरेश को शिष्टाचार के साथ चाय-नाश्ता कराया तथा उनसे हाथ जोड़कर कहा–

"यदि मुझसे किसी तरह की कोई अभद्रता हुई हो तो मुझे माफ करना।" यह कहकर उन्होंने घर के दरवाजे बन्द कर लिये।

अचानक एक दिन यह खबर मिली कि उनका छोटा भाई शिवेन्द्र बहुत ही गम्भीर रूप से बीमार है और अस्पताल में भर्ती है। जब वह वहाँ पहुँची तो वहाँ उन्होंने देखा कि तीनों छोटे-छोटे बच्चे तथा तीन-चार पड़ोसी लोग थे जो उसे लेकर वहाँ आये थे।

बुआ जी को देखकर शिवेन्द्र ने कराहते हुए कहा,

"दीदी, मुझसे जो कुछ भी गलती हुई हो, उसे माफ करना, मैंने तुम्हारा बहुत अपमान किया है।"

"भैया, अपमान की कोई बात नहीं।" यह कहकर वह दौड़ती हुई अस्पताल के मुख्य डॉक्टर के पास पहुँची और उनसे उनके बारे में पूछा तो डॉक्टर ने कहा–

"इन्हें पहले से ही कैन्सर था, जिसका इनको पता नहीं था, अब बस दस-पन्द्रह मिनट के मेहमान हैं।"

"नहीं, ऐसा नहीं हो सकता डॉक्टर।"

"यही सच है।"

इस पर बुआ जी हताश, निराश शिवेन्द्र के पास आयीं तब तक शिवेन्द्र बुरी तरह से हाँफने लगा था।

"दीदी!... पानी... दीदी!...पानी... ।"

"हाँ, देती हूँ।" यह कहकर पड़ोसियों की मदद से शिवेन्द्र को उठाया और उसे पानी पिलाया। कुछ देर पश्चात्–

"दीदी... मैं तो अब जा रहा हूँ...। अब मेरे बाद मेरे बच्चों एवं पत्नी की परवरिश आपको ही करनी है, बोलो करोगी न।"

"हाँ... हाँ, मैं करूँगी... मैं अन्तिम साँस तक इन सबकी परवरिश करूँगी।"

"बस दीदी मैं यही सुनना चाहता था।" यह कहकर वह निढाल होकर गिर पड़ा, यह देखकर बुआ जी वहीं फूट-फूटकर रोने लगीं। शिवेन्द्र की अन्त्येष्टि के पश्चात् कुछ दिनों में ही वह शिवेन्द्र की पत्नी एवं उनके बच्चों की देखभाल करने लगीं। उस भवन में बुआ एवं दोनों छोटे भाइयों का परिवार संयुक्त रूप से रहता था। जब इन सबको खुश देखतीं तो वह अपना सारा दुःख-दर्द भूल जातीं। उस समय शिवेन्द्र की बेटी गीता, जो लगभग सत्रह वर्ष की थी और दिवंगत शिवेन्द्र की आश्रित होने के कारण उसे कुछ ही समय बाद शिवेन्द्र की जगह उसी विभाग में नौकरी मिल गयी। ऑफिस दूर था इसलिए बुआ जी ने ऑफिस आने-जाने के लिए स्कूटी खरीदवा दिया था।

जिस वर्ष शिवेन्द्र की बेटी गीता की नौकरी लगी थी उसके अगले वर्ष बुआ जी का अपने विभाग से रिटायरमेण्ट होनेवाला था। रिटायरमेण्ट के पश्चात् वह अपना

अधिकांश समय पूजा-पाठ एवं रामाज-सेवा में लगाती हैं। अचानक एक दिन खबर मिली कि बुआ जी आँगन में फिसलकर गिर गयी हैं। यह सुनकर मुहल्ले के आस-पास की औरतें पहुँचीं किन्तु वह उठ नहीं पा रही थीं। जब उनका एक्स-रे कराया गया तो पता चला कि उनकी दाहिनी जाँघ की हड्डी टूट गयी है, इस पर उनका हड्डी के जाने-माने डॉक्टर से इलाज कराया गया, उन्हें सात-आठ महीने बेड पर ही रहना पड़ा। उसके बाद डॉक्टरों ने वाकर के सहारे से चलने का निर्देश दिया तथा यह भी हिदायत दी कि वह सीढ़ियाँ बिलकुल न चढ़ें-उतरें। उस समय उनकी स्थिति बिलकुल वैसी ही थी, जैसे किसी बुलबुल को सोने के पिंजरे में कैद कर दिया गया है।

कभी-कभी मैं उनसे मिलने जाता था तो वह बड़े प्रेम से उनके पास जो कुछ भी होता था, मुझे खिलाती थीं। जब भी मैं उनसे सहानुभूति के कुछ शब्द बोलता, उस समय यही कहतीं—"यह सब ईश्वर का प्रसाद है।"

उनके फ्रैक्चर के लगभग तीन वर्ष बाद ही बुआ जी को हार्ट-अटैक हुआ था, तब उनकी एन्जियोप्लास्टी सर्जरी करायी गयी थी। सर्जरी के बाद भी जब वे घर लौटकर आयीं तो उनके चेहरे पर कोई मायूसी नहीं थी, मुख पर दिव्य तेज था, उनकी मृत्यु के लगभग दस दिन पहले जब मैं उनसे मिलने गया था, तो उन्होंने मुझे आशीर्वाद देते हुए अपनी चिर-परिचित मुस्कान से मेरा स्वागत किया था।

जब मैंने उनसे पूछा—"सब-कुछ ठीक है न बुआ जी।"

"हाँ, सब ठीक है, बस एक ही चिन्ता है कि मेरे सामने गीता का विवाह ठीक-ठाक ढंग से हो जाय।"

"अरे आप क्यों चिन्ता करती हैं बुआ जी। सब-कुछ ठीक होगा।"

किन्तु भगवान् को कुछ और ही मंजूर था कि दस दिन बाद ही वह काली रात आ गयी, जब अचानक बुआ जी की तबीयत खराब हो गयी और हम लोग उन्हें अस्पताल लेकर गये थे, लेकिन उन्हें बचा नहीं सके थे।

इस तरह बुआ जी की स्मृतियाँ एक के बाद एक मेरे मानस-पटल पर आ रही थीं, फिर अचानक मैं एक दोराहे पर आकर खड़ा हो गया कि कर्म बड़ा या भाग्य...? धर्मग्रन्थों में कहीं कर्म को ही सब-कुछ माना गया है, कहा गया है कि प्रत्येक व्यक्ति को अपने कर्म का भोग भोगना पड़ता है, तो कहीं भाग्य को सर्वोपरि माना गया है कि व्यक्ति को अपने भाग्य से अधिक कुछ भी नहीं मिलता।

अचानक मोबाइल का अलार्म बजा, मैं उठ बैठा और देखा कि सुबह के छह बज गये हैं, उस समय शालिनी सो रही थी, मैंने उसे झिंझोड़ते हुए जगाया और बच्चों को स्कूल भेजने के लिए तैयार करने को कहा। इस तरह जगाये जाने पर वह भी हड़बड़ा कर उठ बैठी। उसके उठ जाने पर मैं भी बच्चों को उनके स्कूल छोड़ने के लिए तैयार होने लगा।

●

गुरु जी का साक्षात्कार

मैं लखनऊ विश्वविद्यालय से पत्रकारिता एवं जन संचार से एम.ए. कर रहा था, तथा विश्वविद्यालय के ही बीरबल साहनी छात्रावास में रह रहा था। मेरे कमरे के बगल में मेरे अभिन्न मित्रगण अभिनव, सुमित एवं हर्षित रह रहे थे, वैसे तो सभी लोग अलग-अलग विषयों से पोस्ट ग्रेजुएट डिग्री कर रहे थे। अभिनव एल-एल.बी. कर रहा था, वहीं सुमित हिन्दी से एम.ए. तथा हर्षित समाजशास्त्र से एम.ए. कर रहा था, किन्तु हम सभी लोग साथ-साथ ही क्रिश्चियन कॉलेज से हाईस्कूल एवं इण्टरमीडिएट करने के पश्चात् लखनऊ विश्वविद्यालय में दाखिला लिया था, इसलिए हम लोगों में प्रगाढ़ दोस्ती हो गयी थी।

उन दिनों हम लोगों की वार्षिक परीक्षाएँ समाप्त हो गयी थीं। हम लोग यूँ ही मौज-मस्ती कर रहे थे। एक दिन हमारे तीनों मित्र अपनी-अपनी योजना बनाकर हमारे कक्ष में आये–

अभिनव जिसे धर्म में कुछ अधिक आस्था थी, उसने मेरे सामने एक चर्चित धर्मगुरु की दो-तीन पत्रिकाएँ रखते हुए मुझसे कहा–

"अरे यार, तुम तो पेशे से भी पत्रकार हो, इस तरह का कार्यक्रम बनाया जाय कि इन स्वामी जी के दर्शन कर लिया जाय और इनके प्रवचन आदि भी सुना जाय।"

"हाँ मित्रवर, मैंने भी इस पत्रिका के कुछ अंश पढ़े हैं, आप तो ऐसे महात्मा का साक्षात्कार भी ले सकते हैं और आपके द्वारा लिखे लेख तो दो-तीन चर्चित मैगजीन में भी छपते रहते हैं।" सुमित ने अभिनव की बात का समर्थन किया। इस पर मित्र हर्षित जिसे घूमने-फिरने में अधिक दिलचस्पी थी, बोला–"हाँ यार, इसी बहाने थोड़ा-बहुत घूमना-फिरना भी हो जायेगा।"

"तुम्हें तो बस घूमने-फिरने की पड़ी रहती है, इसी बहाने स्वामी जी का प्रवचन सुना जायेगा और वहीं आश्रम में रहा जायेगा।" सुमित ने कहा।

इस पर मैंने कहा–"देखो सुमित, उनके दर्शन और प्रवचन सुनने की बात रही, तो उनके दर्शन रोज टी.वी. पर होते रहते हैं और उनके प्रवचन भी सुनने को मिल जाते हैं।"

"आपको और हर्षित को तो जैसे सन्त-महात्माओं पर विश्वास ही नहीं है।" अभिनव ने मेरी ओर मुखातिब होते हुए कहा।

'नहीं मेरे ताऊ... ऐसा नहीं है, मेरा धर्म, अध्यात्म, योग और सन्त सभी पर विश्वास है किन्तु आजकल ईश्वर और धर्म के नाम पर जो साजिश की जा रही है, उस पर विश्वास नहीं है।"

"फिर देने लगे लेक्चर, यार, तुम्हें तो पत्रकार के बजाय किसी डिग्री कॉलेज में लेक्चरर होना चाहिए।"

सुमित द्वारा मुझ पर किये गये इस व्यंग्य पर एक ठहाका फूटा और इस पर मैं भी उसकी पीठ पर एक धौल जमाते हुए हँसने लगा। जब हँसी रुकी तब हमने कहा–"ठीक है यार, आप लोग इस तरह का कार्यक्रम बनायें कि महात्मा जी के दर्शन भी हो जायें और थोड़ा-बहुत घूमना-फिरना भी हो जाये।

एक सप्ताह पश्चात् हम लोगों ने इस तरह का कार्यक्रम बनाया कि पाँच-छह दर्शनीय स्थलों का भ्रमण करते हुए अन्त में स्वामी जी का दर्शन एवं प्रवचन सुनेंगे तथा हम लोगों ने घूमने-फिरने के हिसाब से कम-से-कम सामान लेकर यात्रा प्रारम्भ किया, मैंने स्वामी जी के साक्षात्कार हेतु तथा पर्यटन स्थलों की कवरेज हेतु अपना कैमरा भी रख लिया था। हम लोगों ने तयशुदा कार्यक्रम के तहत पर्यटन स्थलों का भ्रमण किया एवं भरपूर आनन्द लेकर कैमरे से फोटोग्राफी भी की तथा अन्त में स्वामी जी के आश्रम में जा पहुँचे। जिस समय हम लोग आश्रम में पहुँचे, वह दोपहर के बाद का समय था, वहाँ का दृश्य देखकर हम लोग बड़े हैरान थे, उस आश्रम का नाम ही स्वामी जी के नाम से रखा गया था, आश्रम के मुख्य द्वार पर ही एक ओर भगवान् श्रीकृष्ण की विशालकाय फोटो लगी थी तो दूसरी ओर स्वामी जी की फोटो लगी हुई थी। प्रवेशद्वार पर ही साधुवेशधारी दो-तीन सुरक्षाकर्मी तैनात थे, जो प्रत्येक आगन्तुक का नाम-पता लिखवाने के पश्चात् ही अन्दर प्रवेश करने देते थे। आश्रम में प्रवेश करने पर देखा कि सम्पूर्ण आश्रम श्वेत संगमरमर से बना हुआ था, जगह-जगह पर महीन नक्काशी की गयी थी, उसके सौन्दर्य को देखकर ऐसा लगा मानो ताजमहल इसके सामने बौना हो गया हो।

आश्रम में ही हम लोगों ने देखा कि बाहर से आये दर्शनार्थियों के लिए विभिन्न प्रकार के कक्षों में रुकने की व्यवस्था की गयी थी। महत्त्वपूर्ण व्यक्तियों के लिए विशेष कक्ष, मध्यम वर्ग के लिए सामान्य कक्ष एवं जनसामान्य के लिए बड़े-बड़े बरामदे बने हुए थे। हरेक कक्ष एवं बरामदे के सामने स्वामी जी की फोटो लगी हुई थी जिसके नीचे संस्कृत में यह पंक्तियाँ तथा उनका अनुवाद लिखा हुआ था।

"ॐ गुरुर्ब्रह्मा गुरुर्विष्णुः गुरुर्देवो महेश्वरः।
गुरुर्साक्षात् परब्रह्म, तस्मै श्री गुरवे नमः।।"

अर्थात गुरु ही ब्रह्म है, गुरु ही विष्णु है, गुरु ही शंकर है, गुरु ही साक्षात् परब्रह्म है, अतएव हमें गुरु की आराधना करनी चाहिए, कहीं-कहीं पर केवल हिन्दी में ही गुरुमहिमा का वर्णन किया गया था।

''अरे, यहाँ खड़े ही रहोगे कि स्वागत-कक्ष की तरफ चलोगे भी।'' अभिनव ने मेरा कन्धा झकझोरते हुए कहा।

''अरे, हाँ!... किधर?''

''उधर... '' इशारा करते हुए अभिनव ने स्वागत-कक्ष की ओर इशारा किया।

''क्यों भाई, तुम्हें तो वैसे भी दिन में भी सपना देखने की आदत है।'' हर्षित ने चुटकी ली। इस पर सभी हँस पड़े।

जब हम सभी स्वागत-कक्ष में पहुँचे तो साधुवेश में मौजूद एक स्वागताधिकारी ने हम लोगों से बातचीत की। उसके बातचीत का ढंग ऐसा लगा कि मानो वह स्वागताधिकारी न होकर मनोविज्ञान का कुशल ज्ञाता हो और वह हम लोगों के बारे में सब-कुछ जान लेने के लिए लालायित हो, किन्तु जब हमने अपने को पत्रकार के रूप में प्रस्तुत किया तथा यह भी बताया कि हमने स्वामी जी का बहुत नाम सुन रखा है तथा उनका साक्षात्कार भी लेने आये हैं, तो वह एकदम से सकपका-सा गया और उसके हाव-भाव बदल-से गये, फिर उसने मधुर वाणी में कहा—''सच कहा बेटा, वास्तव में स्वामी जी एक दिव्य योगी पुरुष हैं। वे कलिकाल में मानवों के दुःख के निवारण के लिए ही प्रकट हुए हैं, उनके जीवन का उद्देश्य ही मानवमात्र की सेवा करना है।''

''इसीलिए तो हम सभी मित्र इतनी दूर से स्वामी जी का प्रवचन सुनने तथा उनका आशीर्वाद लेने आये हैं।'' अभिनव बोला, उन सन्त ने कालबेल बजाकर एक व्यक्ति को बुलाया और उनसे कहा—''अरे, ये भक्तजन बड़ी दूर से आये हुए हैं, इनके लिए अभी ठण्डा-सा शरबत बनाकर लाओ और इसके पश्चात् इन्हें चार बिस्तरवाले विशिष्ट कक्ष में रुकने की व्यवस्था करा देना।''

इसके पश्चात् उनसे स्वामी जी के बारे में सामान्य चर्चा होने लगी, लेकिन मुझे ऐसा लगा कि जैसे ही मैंने पत्रकार के रूप में अपना परिचय दिया, उस स्वागताधिकारी के व्यवहार में एकाएक परिवर्तन आ गया है, पहले वह हम लोगों को सामान्य भक्तजन की श्रेणी का समझकर सामान्य व्यवहार कर रहा था, किन्तु मेरे पत्रकार के रूप में परिचय देने से हम सभी अति-विशिष्टजन की श्रेणी में आ गये थे। अभी वार्त्ता हो ही रही थी कि तब तक केसरिया मलाईदार ठण्डा दूध हम लोगों की सेवा में हाजिर हो गया था। जब हम लोगों ने वह दूध पी लिया तब उस स्वागताधिकारी ने दरबान से कहा—''ठीक है बेटा, आप सभी लोग अभी आराम कीजिये, शाम को छह बजे से आठ बजे तक बड़े हॉल में स्वामी जी का दिव्य दर्शन एवं प्रवचन होगा, उसके सुनने के पश्चात् सभी लोग भण्डारे में एक साथ भोजन करते हैं।''

सायंकाल प्रवचन समय से लगभग बीस मिनट पहले ही हम सभी लोग तैयार होकर उस विशाल हॉल में पहुँचे। उस हॉल की भव्यता देखकर तो हम लोगों के होश ही उड़ गये। सम्पूर्ण हॉल में कई एयर कण्डीशनर लगे हुए थे, हॉल की जगमगाहट देखकर ऐसा लग रहा था कि मानो हम लोग किसी विवाह-मण्डप में आये हों, चारों ओर भीनी-भीनी खुशबू का वातावरण था, उस हाल में जहाँ भी मेरी दृष्टि पड़ती थी स्वामी जी की तस्वीर दिखायी देती थी, जिसके नीचे उनके द्वारा दिये हुए कुछ प्रवचन-सूत्र लिखे हुए थे। मंच पर बायीं ओर अर्जुन को गीता का उपदेश देते हुए योगी श्रीकृष्ण की विशालकाय फोटो लगी हुई है तथा दाहिनी ओर स्वामी जी की ध्यान-मुद्रा में उतनी ही विशालकाय फोटो लगी हुई थी। सम्पूर्ण हॉल में ध्वनि विस्तारक यन्त्र लगे हुए थे तथा कई बड़ी-बड़ी स्क्रीन लगी हुई थीं ताकि स्वामी जी द्वारा दिये गये प्रवचन को हॉल में उपस्थित प्रत्येक व्यक्ति आसानी से सुन सकें तथा लगी हुई स्क्रीन के माध्यम से उनका भव्य दर्शन भी कर सकें।

जब हम लोग हॉल में पहुँचे तो मंच पर भजन पार्टी द्वारा वाद्य यन्त्रों के साथ मधुर ध्वनि में भजन गाया जा रहा था और उपस्थित लोग भजनों का आनन्द ले रहे थे। स्वामी जी का दर्शन एवं प्रवचन सुनने के लिए काफी देर पहले से ही भक्तों का जमावड़ा लग चुका था। हम लोगों के वहाँ पहुँचने से पहले ही आधा से अधिक हॉल भर चुका था। हम लोग भी उस हॉल में पलथी मारकर बैठ गये और स्वामी जी के दर्शन का इन्तजार करने लगे।

ठीक छह बजे स्वामी जी का मंच पर पदार्पण हुआ, उनके आते ही सम्पूर्ण पण्डाल में उपस्थित लोग अपने स्थान पर खड़े हो गये और स्वामी जी की जय बोलने लगे। स्वामी जी ने सबको आशीर्वाद की मुद्रा में दोनों हाथ उठाये, तत्पश्चात् खुद बैठते हुए सबको अपने स्थान पर बैठने का संकेत किया, लगभग तीन-चार मिनट तक सम्पूर्ण हॉल में स्वामी जी का जयकारा गूँजता रहा।

उन्होंने अपनी लोक-लुभावन शैली में प्रवचन देना प्रारम्भ किया, उस दिन उन्होंने अपना प्रवचन दिया और उन्होंने भक्तों को **सादा जीवन उच्च विचार** की जीवन-शैली अपनाने पर विशेष बल दिया। समय-समय पर स्वामी जी के संकेत पर भजन पार्टी भजन भी प्रस्तुत करती थी, जिस पर अनेक भक्त अपनी जगह पर खड़े होकर झूमने भी लगते थे, प्रवचन का कवरेज करने के लिए कुछ विशेष टी.वी. चैनलवाले भी आये हुए थे। प्रवचन समाप्त होने के पश्चात् स्वामी जी ने खड़े होकर संस्कृत के इस मन्त्र का उच्चारण किया–

''सर्वे भवन्तु सुखिनः सर्वे सन्तु निरामयाः।
सर्वे भद्राणि पश्यन्तु मा कश्चित् दुःख भाग्भवेत।''

''सभी सुखी रहें, सभी नीरोगी रहें, सभी का कल्याण हो, सभी लोग यह देखें कि कोई भी प्राणी दुःखी न रहे।''

जिस पर उनके शिष्यों ने शंख-ध्वनि किया। मंच से ही दो-तीन शिष्यों ने स्पीकर पर कहा—

धर्म की जय हो।
अधर्म का नाश हो।
प्राणियों में सद्भावना हो।
विश्व का कल्याण हो।

उक्त जयघोष को हॉल में उपस्थित लोगों ने दोहराया और फिर जब स्वामी जी अपनी मनमोहक मुस्कान के साथ आशीर्वाद की भाव-मुद्रा में चलने लगे तो पुनः हॉल में उपस्थित सभी लोग स्वामी जी की जय-जयकार करने लगे।

प्रवचन समाप्त होने के लगभग आधा घण्टे बाद एक दूसरे बड़े हॉल में भण्डारे की व्यवस्था थी, जिसमें दोना-पत्तल में ही सबको खाना परोसा जा रहा था, भक्तगण ही सम्पूर्ण मनोयोग से सबको खाना खिला रहे थे। मैंने अभिनव से कहा कि—''अरे यार अभिनव, थोड़ा जाकर कुछ हम लोगों की विशेष सेवा करो। जाओ खाने-पीने की व्यवस्था करो।''

इस पर हर्षित ने भी अभिनव एवं सुमित दोनों पर व्यंग्य करते हुए कहा कि—''अरे भाई, हम अकेले अभिनव को नहीं भेजेंगे उसके साथ सुमित रहेगा, क्यों, सुमित जल्दी उठो, थोड़ा-सा पुण्य कमा लो।''

इस पर सुमित ने चिढ़ते हुए कहा—''देखो हर्षित तुम्हें हमेशा मजाक सूझता रहता है, मुझे बड़े जोर की भूख लगी है।''

मैंने अभिनव की ओर इशारा करते हुए कहा—''बोलो अभिनव, तुम्हारा क्या खयाल है?''

''अरे मैं तो अभी उठकर लोगों की सेवा कर सकता हूँ, लेकिन तुम तीनों में से कोई तो मेरा सहयोगी बनने को तैयार हो। मैंने उसकी मनोदशा भाँपते हुए कहा—''अरे ठीक है यार, हम लोग रात-भर रेल में सफर करके आये हैं, फिर सेवा कर ली जायेगी, चलो अभी भोजन कर लेते हैं। अभी हम लोग आपस में बात कर ही रहे थे कि हम लोगों के सामने दोने-पत्तल आ गये थे और वहाँ एक-एक करके भक्तगण भोजन ला रहे थे, जब सबके समक्ष भोजन की प्रत्येक सामग्री पहुँच गयी तो वहाँ पर रखे मंच पर एक सन्त द्वारा वैदिक मन्त्रोच्चार किया गया, फिर ॐ शान्तिः शान्तिः शान्तिः का पाठ कराया गया। इस पर सभी लोग एक साथ भोजन करने लगे तथा जब सभी लोग भोजन कर चुके तो पुनः वैदिक मन्त्रोच्चार होने पर सभी लोग एक साथ उठे तथा अपने-अपने जूठे पत्तल हाथ में लेकर आश्रम के बाहर आये, जहाँ पर नगरपालिका द्वारा पूर्व से ही आठ-दस बड़े-बड़े ड्रम रखे हुए थे, उसी में सभी लोगों ने अपने-अपने जूठे पत्तल डाल दिये। उन ड्रमों से प्रतिदिन नगरपालिका की गाड़ी सभी प्रकार की गन्दगी

उठा ले जाती थी। भोजन करने के पश्चात् हम चारों लोग अपने निर्धारित कक्ष में आ गये। हम सभी थकान के कारण गहनी नींद में सो गये थे। जब हर्षित की नींद खुली तो उसने मुझे झकझोरते हुए कहा—"अरे यार, अभी कितना सोओगे, देखो दीवाल-घड़ी कितना समय बता रही है?" मैं भी हड़बड़ाकर अपनी आँखें मलते हुए उठ बैठा और जब दीवाल-घड़ी पर निगाह पड़ी तो उस समय सुबह के लगभग आठ बज रहे थे, फिर हर्षित ने ही सुमित को झकझोरते हुए कहा—

"अरे उठो महाराज, कब तक घड़ियाल की तरह सोते रहोगे, देखो, सुबह के आठ बज रहे हैं।" वह भी हड़बड़ाकर उठ बैठा, तब तक मैं भी चैतन्य हो चुका था, मैंने अभिनव को जगाने की कोशिश की तो अभिनव ने अलसाये स्वर में कहा—"अरे यार... क्यों डिस्टर्ब कर रहे हो... ठीक से सोने क्यों नहीं देते...।"

तब तक हर्षित बोला—"लगता है कि यह अभी तक स्वामी जी के भक्ति रस में गोता लगा रहा है।"

"अरे उठो यार, देखो सुबह के आठ बज रहे हैं। फटाफट तैयार भी होना है।" मैंने उसके मुँह पर पानी का हलका-सा छींटा मारा। पानी के छींटे मुँह पर पड़ने पर वह अचकचाकर उठ बैठा और अपनी आँखें मलते हुए कहा—"देखो यार,... आप सभी लोग मुझे ठीक ढंग से सोने क्यों नहीं देते? मैंने दीवाल-घड़ी की ओर इशारा कर दिया।

"अरे—यह तो सुबह के आठ बजा रही है,... ओह फटाफट तैयार भी होना है।... सुबह नौ बजे तक ही नाश्ता मिलेगा।"

"अभी तक तुम मगरमच्छ की तरह खर्राटे भर रहे थे।.... अब तुम्हें इतनी जल्दी भूख क्यों लगने लगी?" हर्षित ने चुटकी लेते हुए कहा।

इस पर सब हँसने लगे, अभिनव भी पहले शर्मिन्दा हुआ, फिर हम सभी लोग एक-दूसरे को देखकर हँसने लगे, जब तक हँसी रुकती कि किसी ने दरवाजा खटखटाया। सुमित ने दरवाजा खोला तो आश्रम के एक व्यक्ति ने पूछा कि—"आप लोगों के लिए नाश्ता यहीं कमरे में ले आया जाय?"

इस पर हर्षित ने कहा—"भाई साहब, लगभग नौ बजे नाश्ता ले लेंगे।"

तब तक हमने कहा—"भाई साहब, मैं पत्रकार हूँ। मुझे स्वामी जी का साक्षात्कार लेना है, जो भी समय निर्धारित करें उस समय मैं उनका साक्षात्कार ले लूँगा।"

"ठीक है, मैं स्वामी जी के प्रमुख शिष्य को सूचना दे देता हूँ। वही स्वामी जी से समय पूछकर साक्षात्कार की तिथि एवं समय निर्धारित कर देंगे।"

यह कहकर वह व्यक्ति चला गया, हम सभी लोग फटाफट तैयार हो गये, ठीक नौ बजे कमरे में ही नाश्ता आ गया। नाश्ते में दूध की दलिया एवं मालपुआ दिया गया था। जब हम लोग नाश्ता कर चुके तो वही व्यक्ति फिर हम लोगों के कक्ष में आया और हम लोगों से पूछा—"कृपया यह बताइये कि आप लोगों में पत्रकार कौन है?"

"मैं हूँ।"

"यदि आप पत्रकार हैं तो सम्बन्धित समाचार-पत्र या पत्रिका के परिचय-पत्र कार्ड के साथ हमारे साथ चलें।"

"कहाँ?" मैंने उत्सुकतापूर्वक पूछा।

"स्वामी जी के प्रमुख शिष्य ने आपको बुलाया है, वही आपका परिचय जानकर तिथि व समय निर्धारित करेंगे।" मैंने अपने बैग से अपना परिचय-पत्र निकाला तथा साथ ही सम्बन्धित मैगजीन, जिसमें हमारे एक-दो लेख छपे थे, उसकी भी एक-दो प्रतियाँ ले लीं, ताकि यह विश्वास हो जाय कि मैं मीडिया से जुड़ा हुआ व्यक्ति हूँ और वर्तमान में पत्रकारिता का डिप्लोमा कर रहा हूँ।

जब मैं उनके प्रमुख शिष्य के कक्ष में पहुँचा, तो साधु वेश में उनका भारी-भरकम डील-डौल देखकर ही समझ गया कि यह स्वामी जी के निजी सचिव के नाम पर ऐशो-आराम का जीवन व्यतीत कर रहे हैं। मैंने उन्हें देखकर दूर से ही प्रणाम किया। उन्होंने पास में ही पड़े सोफे की ओर संकेत करते हुए बैठने का इशारा किया, लेकिन उनके चेहरे पर चढ़ते-उतरते भाव बता रहे थे, कि उन्हें मेरा इस तरह का प्रणाम करना ठीक नहीं लगा था। उन्होंने मेरा परिचय-पत्र देखा, साथ ही, सम्बन्धित मैगजीन की एक-दो प्रतियाँ भी देखीं, कुछ देर तक मैगजीन में लिखे लेख को पढ़ते रहे, फिर एकाएक कालबेल बजायी। जैसे ही आश्रम का एक व्यक्ति अन्दर आया, उन्होंने उसको आदेश दिया—"जाइये, एक गिलास केसरिया मिल्क बादाम ले आइये।"

"अरे महाराज जी, हमने और हमारे मित्रों ने अभी भरपूर नाश्ता किया है, अब किसी औपचारिकता की आवश्यकता नहीं है।"

"नहीं-नहीं, इसमें क्या औपचारिकता है, यह सब आश्रम का प्रसाद है।"

इसके पश्चात् साधु वेशधारी निजी सचिव ने पास में रखे इण्टरकाम से स्वामी जी से कुछ वार्त्ता की, तत्पश्चात् वह अन्दर चले गये। कुछ देर में ही मेज पर कुल्हड़ में केसरिया मिल्क बादाम आ गया था, न चाहते हुए मैंने जैसे-तैसे उसे पिया, तब तक उनके निजी सचिव आ गये और सोफे पर बैठते हुए कहा—"बेटा, वह प्रतिदिन प्रातःकाल दस बजे से एक बजे तक भक्तगणों को दर्शन देते हैं, उसके पश्चात् मध्याह्न भोजन करने के पश्चात् विश्राम करते हैं, उन्होंने कल प्रातः नौ बजे आपसे मिलने का समय निर्धारित किया है।"

"ठीक है, इसी बहाने मुझे उनका पावन सान्निध्य भी प्राप्त होगा।" सोफे से उठते हुए मैंने कहा।

"ठीक है।" यह कहते हुए महाराज जी ने एक लम्बी-सी जम्हाई ली। मैं अपने दोस्तों के पास लौट आया और हम लोगों ने आश्रम परिसर के अन्दर तथा उसके बाहर

आस-पास के क्षेत्रों के भ्रमण का कार्यक्रम रखा। तभी अभिनव ने कहा कि—"अभी दस बजनेवाले हैं, चलो पहले स्वामी जी का दर्शन ही कर लिया जाये।"

मैंने भी हामी भर दी, जब हम लोग दर्शन-कक्ष में पहुँचे, तो देखा कि श्रद्धालुओं की बड़ी लम्बी लाइन लगी हुई थी। मैंने कहा—"लगता है भारतवर्ष में कोई भी ऐसी जगह नहीं है, जहाँ पर लम्बी लाइन न हो।"

"तुम्हें तो हर वक्त मजाक ही सूझता रहता है।" सुमित ने कहा।

स्वामी जी एक ऊँचे मखमली गद्दे पर राजसी ठाठ-बाट से बैठे हुए थे। उस कक्ष में जगह-जगह पर दान-पेटिकाएँ रखी हुई थीं। स्वामी जी जहाँ बैठे हुए थे, उसके बायीं और दाहिनी ओर लगभग सात-आठ फिट की दूरी पर दो बड़ी-बड़ी दान-पेटिकाएँ रखी हुई थीं। बारी-बारी से भक्तगण उनके चरणों में शीश नवाते और इच्छानुसार चढ़ावा चढ़ाते थे, वे उनके सिर पर हाथ रखकर आशीर्वादस्वरूप कुछ-न-कुछ कह देते थे तथा अपने हाथो से बगल में रखी हुई प्रसाद-पेटिका से कुछ प्रसाद निकालकर दे देते थे। हम लोगों ने देखा कि स्वामी जी विशाल डील-डौलवाले व्यक्ति थे, उनका पेट काफी बाहर निकला हुआ था। हम लोग भी पंक्तिबद्ध खड़े हुए थे, जब हम लोगों का नम्बर आया तो हम सबने भी शीश नवाया, उन्होंने हम लोगों के सिर पर हाथ फेरते हुए कहा, "आयुष्मान् भव, आप सभी उन्नति करें।" यह कहकर हम सबको प्रसाद भी दिया, हम लोग निकास-द्वार से आगे बढ़ गये।

हम लोगों के पास उस दिन का सम्पूर्ण दिन खाली था, अतएव आस-पास घूमने का कार्यक्रम बनाया गया, चूँकि आश्रम शहर से लगभग बीस कि.मी. की दूरी पर था, अतएव यह तय किया गया कि आज आश्रम के बाहर आस-पास के इलाके तथा आश्रम-परिसर का भ्रमण किया जायेगा। आश्रम से लगभग तीन कि.मी. की दूरी पर एक अत्यन्त प्राचीन शिव मन्दिर था, जो गंगा नदी के तट पर स्थित था।

हम लोगों ने यह निश्चय किया कि चलो पैदल ही वहाँ पर चला जाय तथा घूम-फिरकर पुनः वापस आया जाय।

हम लोग मौज-मस्ती करते हुए वहाँ पर जा पहुँचे, वहाँ पर देखा कि वहाँ एक अत्यन्त प्राचीन शिव मन्दिर है। मन्दिर से ही लगभग आधा फर्लांग की दूरी पर पावन गंगा नदी प्रवाहित हो रही थीं। शिव मन्दिर के बगल में एक बरगद का वृक्ष लगा हुआ था, किन्तु पुराना मन्दिर होने के कारण दीवारें जीर्ण-शीर्ण हो रही थीं, लेकिन मन्दिर में स्थित शिवलिंग में एक अद्भुत तेज विद्यमान था, जो बरबस ध्यान आकर्षित करता था।

हम लोगों ने मन्दिर में प्रवेश करके भगवान् शिव का दर्शन किया, सोमवार का दिन होने के कारण आस-पास के गाँव के कुछ श्रद्धालु भी जमा थे। दर्शन करने के बाद हम लोग वहीं बरगद की छाँव में बैठ गये। मन्दिर ऊँचाई पर स्थित होने के कारण

वहाँ से आस-पास का दृश्य बड़ा ही सुन्दर दिखायी दे रहा था। हम लोग वहीं पर दर्शन करने आये श्रद्धालुओं से वार्त्ता करने लगे। मेरे मन में मन्दिर का इतिहास जानने की जिज्ञासा उत्पन्न हुई, किन्तु अनेक व्यक्तियों ने अपने-अपने ढंग से उसके इतिहास एवं महत्त्व का बखान किया। जब हम लोगों ने वहाँ पर आये हुए कुछ श्रद्धालुओं से आश्रम के स्वामी जी के बारे में पूछा और यह कहा कि आप लोग उनसे इस दिव्य मन्दिर के जीर्णोद्धार करने के लिए क्यों नहीं कुछ कहते? तब वहाँ पर उपस्थित कुछ श्रद्धालुओं ने उनके बारे में जो कुछ भी बताया उस पर एकबारगी हम लोगों को विश्वास ही नहीं हुआ, किन्तु वहाँ पर आये हुए अन्य श्रद्धालुओं ने भी इसकी पुष्टि की। लगभग दो घण्टे तक हम लोग उस सुरम्य वातावरण में बैठे रहे।

जब हम लोग आश्रम पहुँचे तब तक दोपहर का भण्डारा समाप्त हो चुका था। हम लोगों ने आश्रम से ही कुछ दूरी पर स्थित एक ढाबे में भोजन किया, भोजन करने के पश्चात् हर्षित बोला—"यार आज बहुत मजा आया, गंगा नदी के किनारे बरगद की छाँव का वह सुरम्य दृश्य मुझे अभी तक नहीं भूलता।"

"हाँ हर्षित मुझे तो अपना बचपन याद आ गया, जहाँ नीम की डाल पर झूला डालकर झूलते थे और पास ही ठाकुर साहब के चबूतरे पर बरगद की छाँव के नीचे भजन-कीर्त्तन सुनते थे।" मैं अपने बचपन की यादों में खो-सा गया था।

"अब उठोगे भी कि यहीं पर बरगद का पेड़ लगा दोगे।" अभिनव ने मेरी पीठ पर एक धौल जमाते हुए कहा।

"अरे यार, उठ रहा हूँ।"

यह कहकर हम सभी लोग उठ गये और आश्रम के अन्दर प्रवेश कर गये, लगभग दो घण्टे आराम करने के पश्चात् हम सभी लोग उठे और आश्रम-परिसर का भ्रमण करने लगे।

आश्रम-परिसर भी काफी बड़ा था। यह कई एकड़ जमीन पर बना हुआ था, जिसमें हर-एक देवी-देवताओं से सम्बन्धित अलग-अलग मन्दिर बने हुए थे, जिसे प्रत्येक देवी-देवताओं पर आस्था रखनेवाले भक्तगणों ने ही बनवाया था, स्वागत-कक्ष, भण्डार-गृह, बरामदे थे। वर्ष में चार बार विशेष अवसरों पर स्वामी जी के प्रवचन का भव्य आयोजन होता था, तब परिसर में ही खुला पण्डाल लगाया जाता था, ताकि सभी भक्तगण आसानी से प्रवचन सुन सकें।

घूमते-टहलते हम लोग एक ऐसे कमरे की ओर बढ़े जो बाहर से ही भव्य ढंग से सुसज्जित था, दरवाजे-खिड़कियाँ भी चन्दन की लकड़ी की लग रही थीं, उनमें से भीनी-भीनी सुगन्ध आ रही थी, जैसे ही हम लोग उस कमरे की ओर बढ़े कि एक साधुवेशधारी शिष्य ने हम लोगों को रोक दिया—"अरे आप लोग किधर जा रहे हैं?"

"हम लोग आश्रम में विभिन्न मन्दिरों का दर्शन करने आये हैं।"

"अरे जानते नहीं, यह स्वामी जी का शयनकक्ष है, स्वामी जी इस समय विश्राम कर रहे हैं।"

"अरे... हम लोगों को मालूम नहीं था।" सुमित ने अफसोस जाहिर करते हुए कहा।

"कोई बात नहीं बेटा।"

हम लोग आश्रम-परिसर घूमते-घामते अपने कक्ष में लौट आये, तब तक प्रवचन का समय हो रहा था। हम लोगों ने आराम से प्रवचन सुनने के लिए अपना-अपना कुर्ता-पाजामा निकालकर पहन लिया और हॉल की ओर चल दिया। उस समय हॉल तीन-चौथाई से अधिक भर चुका था, उस दिन स्वामी जी ने गुरु-महिमा पर उपदेश देते हुए कहा कि—"गुरु ईश्वर से कहीं अधिक महान् है, क्योंकि गुरु ही वह है, जो भक्त को भगवान् से मिलाने का मार्ग प्रशस्त करता है।" उस दिन का सम्पूर्ण प्रवचन गुरु-महिमा पर ही आधारित रहा।

हम लोग प्रवचन सुनने के बाद भण्डारे में भोजन करने के पश्चात् अपने कक्ष में चले आये। लगभग आधा घण्टा गपशप करने के पश्चात् लेट गये और सभी लोग सो गये, मुझे भी शीघ्र नींद आ गयी, अचानक रात को मेरी नींद खुली, मैं बाथरूम करने के लिए उठा, टार्च से दीवाल-घड़ी की ओर देखा तो पाया कि रात्रि में लगभग एक बज रहे थे, उसके बाद मैंने सोने का प्रयास किया, लेकिन मुझे नींद नहीं आ रही थी। मैं कक्ष का दरवाजा खोलकर आश्रम के हॉल में टहलने लगा कि शायद फिर मुझे नींद आ जाये। मैंने देखा कि आश्रम का मुख्य द्वार अन्दर से बन्द था। सभी लोग बड़े-बड़े बरामदों में इधर-उधर लेटे हुए थे। अचानक मेरे कदम स्वामी जी के विशेष शयनकक्ष की ओर बढ़ गये। शयनकक्ष से थोड़ी दूरी पर एक चौकीदार खर्राटे भर रहा था। मैंने जिज्ञासावश खिड़की से स्वामी जी के शयनकक्ष का दृश्य देखना चाहा। मैंने जरा-सी खिड़की खोली। शयनकक्ष का दृश्य देखकर मेरे रोंगटे खड़े हो गये।

उस कक्ष में जीरो वाट का बल्ब जल रहा था, जिसमें स्वामी जी बिलकुल निर्वस्त्र थे तथा दो अत्यन्त सुन्दर महिलाओं के साथ रासलीला कर रहे थे। उस एयर-कण्डीशनयुक्त कक्ष में एक बड़ा-सा फ्लैट रंगीन टेलीविजन व सी.डी. प्लेयर लगा था, जिसमें ब्लू फिल्म की कैसेट चल रही थी।

वह दृश्य देखकर मुझे सहसा विश्वास ही नहीं हुआ, किन्तु हकीकत सामने थी कि उस आश्रम में धर्म के नाम पर अधर्म का घिनौना खेल चल रहा है। मैं चुपके से अपने कक्ष में लौट आया। रात-भर मुझे नींद नहीं आयी, मैं इधर-उधर करवटें बदलता रहा और मेरे मन-मस्तिष्क में न जाने कैसे-कैसे भाव आते रहे। जैसे ही सुबह छह बजा, मैं उठा और नहा-धोकर तैयार हो गया, नहाने के पश्चात् मैंने अपने अन्य मित्रों को जगाया। मुझे तैयार देखकर हर्षित बोला—"लगता है तुमने स्वामी जी का इण्टरव्यू लेने के लिए खास तैयारी कर ली है।"

''स्वामी जी का साक्षात्कार क्या लेना है, वह तो एक औपचारिकता मात्र है, उनके प्रवचन ही अपने-आप में बेमिसाल हैं।'' अभिनव ने अपनी आँखें मलते हुए कहा।

''बात तो सही है, लेकिन यार अपना कैमरा ले जाना मत भूल जाना।'' सुमित ने अभिनव की बातों का समर्थन किया।

मैंने रात में जो कुछ भी देखा था, उसके बारे में किसी को कुछ नहीं बताया लेकिन मेरी स्वामी जी के प्रति उत्पन्न श्रद्धा घृणा में परिवर्तित हो गयी थी। मैंने बाथरूम के लिए इशारा करते हुए कहा कि आप लोग फटाफट तैयार हो जाइये, आज नाश्ता जल्दी ही आ जायेगा। जैसा मेरा अनुमान था, लगभग आठ बजे कमरे में हम लोगों के लिए नाश्ता आ गया था, नाश्ता लानेवाले व्यक्ति के साथ एक साधुवेशधारी व्यक्ति और आया हुआ था, उसने सूचना दी कि ''आप लोग शीघ्र नाश्ता कर लें, फिर आप में से जो भी पत्रकार बन्धु हैं, उन्हें मैं स्वामी जी के कक्ष में ले चलूँगा। उन्होंने प्रातः नौ बजे का समय दिया हुआ है।''

''मुझे मालूम है और मुझे ही उनका साक्षात्कार लेना है।'' मैंने कहा।

''अच्छा...। आप तो अभी किसी कॉलेज के छात्र ही लग रहे हैं। आप स्वामी जी का साक्षात्कार लेंगे?''

''जी हाँ, स्वामी जी के निजी सचिव ने कल ही साक्षात्कार का समय निर्धारित कर दिया था।'' मैंने निर्विविकार भाव से कहा।

''अच्छा आप नाश्ता कर लें। मैं ही आपको यहीं से नौ बजे लिवाने आऊँगा।''

''ठीक है।'' मैंने अनमने ढंग से उत्तर दिया।

यह कहकर साधुवेशधारी वह व्यक्ति चला गया। मेरे तीनों दोस्त नाश्ते पर टूट पड़े; किन्तु मेरे मन-मस्तिष्क के सामने स्वामी जी का वह घिनौना रूप ही घूम रहा था, अतएव नाश्ता करने की जरा-सी भी इच्छा नहीं हुई।

''अरे, तुम नाश्ता क्यों नहीं कर रहे हो।'' अभिनव बोला।

''कितना लजीज नाश्ता है। आओ यार'', हर्षित बोला।

''नहीं, मेरी बिलकुल इच्छा नहीं है।'' मैंने बैग से अपना कैमरा निकालते हुए कहा।

''क्यों?'' सुमित ने आश्चर्य से पूछा।

''अरे यार, आप लोग करिये, मेरी बिलकुल इच्छा नहीं है, आज दोपहर दो बजे ट्रेन का रिजर्वेशन भी है, मैं तब तक स्वामी जी के साक्षात्कार से पहले आश्रम के कुछ फोटोग्राफ लेकर आता हूँ।''

''जैसी तुम्हारी मर्जी! तू भी बड़ा अलबेला है, बिलकुल मेरी तरह....।'' हँसते हुए हर्षित ने कहा।

मैं अपना कैमरा लेकर चुपचाप आश्रम से बाहर निकल आया उसके पश्चात् एक ढाबे में आकर नाश्ता किया, ढाबे के पास ही एक बूढ़ा पानवाला एक छोटी-सी गुमटी लगाये हुए था, मैंने उससे पान लिया, पान के ही बहाने आश्रम के बारे में कुछ पूछताछ

की, तो उससे कुछ आश्चर्यजनक बातें पता चलीं। उसके पश्चात् मैंने आश्रम के मुख्य द्वार, स्वागत-कक्ष, भव्य प्रवचन हॉल, ए.सी. युक्त कक्षों आदि की फोटो खींचते हुए लगभग नौ बजे अपने कक्ष में लौट आया।

ठीक नौ बजे वही साधुवेशधारी व्यक्ति मुझे लिवाने आ गये, मैं भी अपना कैमरा, डायरी, पेन लेकर उनके साथ चल पड़ा, हर्षित ने चलते वक्त कहा, ''हैलो... बाय...।''

''बाय...।'' मैंने भी हँसते हुए हाथ हिलाया।

जब मैं स्वामी जी के कक्ष में पहुँचा, तो देखा स्वामी जी एक सिंहासननुमा भव्य सोफे पर विराजमान थे, सात-आठ और सोफे रखे हुए थे, जब मैं उस कक्ष में पहुँचा तो देखा कि दो महिलाएँ स्वामी जी के हाथ-पाँव दबा रही थीं।

उनका भारी-भरकम डील-डौल था, उनके चेहरे पर कोई तेज और ओज नहीं दिखा, हाँ उनकी दाढ़ी और बाल काफी लम्बे हो गये थे।

साधुवेशधारी व्यक्ति ने उनसे हमारा परिचय कराते हुए कहा—''गुरु जी, यही वह पत्रकार हैं, जो आपका साक्षात्कार लेना चाहते हैं।''

''अच्छा....!'' उन्हें मेरी उम्र देखकर बड़ा आश्चर्य हुआ। मैंने स्वामी जी को दूर से ही नमस्कार की मुद्रा में प्रणाम किया।

मेरे प्रणाम करने की यह पद्धति उन्हें बिलकुल पसन्द नहीं आयी, वे सोच रहे थे कि यह नबयुवक मेरे चरणों में झुकेगा या साष्टांग दण्डवत् करेगा, किन्तु ऐसा न होने से उनके चेहरे पर एकाएक अनेक भाव आये जिसमें क्रोध एवं विस्मय का मिश्रण था, फिर उन्होंने अपने पर संयम रखते हुए बोले।

''आओ बेटा, बैठो...।''

''जी, धन्यवाद!'' यह कहकर मैं बगलवाले सोफे पर बैठ गया।

स्वामी जी ने हाथ-पैर दबानेवाली दोनों महिलाओं को यह कहते हुए विदा किया—''जाइये... ईश्वर आपकी इच्छा शीघ्र पूर्ण करेंगे।'' स्वामी जी को प्रणाम कर दोनों महिलाएँ कक्ष से बाहर चली गयीं।

''आपका क्या नाम है?''

''जी मेरा नाम पीयूष है।''

साधुवेशधारी व्यक्ति भी कुछ दूरी पर गुरु जी के ही श्रीचरणों में बैठ गये। मैंने अपना कैमरा निकालकर दो-तीन एंगिल से स्वामी जी के फोटो खींचे, वह भी अपने चेहरे पर अस्वाभाविक मुस्कान लाते हुए आशीर्वाद की मुद्रा में एक हाथ उठाया तो दूसरे एंगिल में ध्यानावस्था में फोटो खिंचवायी, उनके फोटो खिंचवाने की इस कला से मुझे आभास हो गया कि वह प्रिण्ट एवं इलेक्ट्रॉनिक मीडिया को प्रभावित करने की अपार क्षमता रखते हैं।

मेरे फोटो खींचने की कला से उन्हें यह समझते देर न लगी कि यह व्यक्ति पेशेवर पत्रकार है, उन्होंने फोटो खिंचवाने के पश्चात् कॉल-बेल दबाया। इस पर एक दूसरा साधु कक्ष में प्रवेश किया।

''देखिये, आश्रम से मेवायुक्त प्रसाद तथा केसरिया बादामयुक्त दूध लाइये।

''अरे नहीं स्वामी जी, मैंने अभी भरपूर नाश्ता किया है। अभी बिलकुल इच्छा नहीं है।''

''नहीं बेटा, कुछ तो लीजिये।''

''साक्षात्कार के बाद महाप्रसाद ले लूँगा, हमारे साथ तीन मित्र और आये हुए हैं।

''ठीक है, बेटा, जैसी आपकी मर्जी।'' मुस्कराते हुए स्वामी जी ने कहा। इसके पश्चात् कुछ सोचते हुए बोले–

''पूछिये, आप धर्म के बारे में क्या जानना चाहते हैं?''

''स्वामी जी, मैं धर्म के बारे में नहीं बल्कि, आपके बारे में कुछ जानना चाहता हूँ।''

''मेरे बारे में...!'' स्वामी जी एकदम से चौंक गये।

''घबराइये नहीं स्वामी जी, मैंने दो दिन आपका प्रवचन सुना ही है, उसके आधार पर आपकी प्रवचन शैली, धर्म एवं अध्यात्म के बारे में तो लिख ही लूँगा, किन्तु...?''

''किन्तु क्या...?''

''मेरा सबसे बड़ा प्रश्न यही है कि आप संन्यासी हैं, लेकिन आपके आश्रम में भोग-विलास एवं ऐशो-आराम की सभी वस्तुएँ उपलब्ध हैं, इस बारे में आप क्या कहना चाहेंगे?''

''बेटा, मैं क्या करूँ... मेरे लाख मना करने के बावजूद भी यह सब भक्तगणों द्वारा ही प्रदान किया गया है, मैं तो एक निष्काम कर्मयोगी की भाँति इनका आनन्द ले रहा हूँ।'' स्वामी जी ने मुस्कराते हुए जवाब दिया।

''किन्तु स्वामी जी यह तो ठीक वही बात हुई कि व्यक्ति माया के दुश्चक्र से बचकर वानप्रस्थ एवं संन्यास धर्म ग्रहण करता है, किन्तु आप तो पुनः माया के दलदल में फँसते जा रहे हैं।''

''किन्तु बेटा शायद आप यह भूल रहे हैं कि यदि व्यक्ति किसी चीज का अनासक्त भाव से उपभोग करता है तो वह माया के दलदल में कभी नहीं फँसता है।'' निष्काम कर्मयोग की व्याख्या करते हुए स्वामी जी ने कहा।

''अच्छा, एक बात बतायें स्वामी जी, आपका यह आश्रम शहर से मात्र बीस कि. मी. की दूरी पर स्थित है।''

''ठीक है तो इसमें क्या बुरी बात है?'' स्वामी जी ने कौतूहलवश पूछा।

''आपके आश्रम से प्रसिद्ध वन मात्र अस्सी कि.मी. की दूर पर स्थित है, आपने वहाँ पर आश्रम बनाना क्यों उचित नहीं समझा?''

"बेटा, यदि मैं वहाँ पर अपना आश्रम बनाता, तो भक्तों को मेरा दर्शन करने एवं प्रवचन सुनने में अत्यन्त कठिनाई का सामना करना पड़ता। इसलिए मैंने यह जगह उपयुक्त समझी।"

"लेकिन प्राचीन काल में ऋषि-मुनियों के आश्रम घनघोर जंगल में होते थे, ताकि उन्हें ईश्वर आराधना एवं साधना का पूर्ण अवसर मिल सके।"

"लेकिन बेटा, कलियुग में 'ईश्वर केवल नाम अधारा' यही सत्य है, आप जिस भी देवी-देवता की आराधना करते हैं, उसकी भक्ति भाव से पूजा करने से ही समस्त मनोकामनाएँ पूर्ण हो जायेंगी।" चहकते हुए स्वामी जी ने कहा।

तब तक मैं भी भली-भाँति समझ चुका था कि शास्त्रार्थ में इन्हें परास्त करना बहुत कठिन है। इन्हें जब तक यथार्थ बोध न कराया जाय तब तक इनकी आँखों से परदा नहीं उठेगा। मैंने अपनी बात को नया रुख देते हुए कहा–

"स्वामी जी, मैंने सुना है कि लगभग दस वर्ष पूर्व आपका आश्रम बहुत छोटा था, लेकिन आपके शिष्यों ने आस-पास के लोगों एवं किसानों की जमीन पर अवैध कब्जा करके आश्रम का विस्तार किया है।"

"यह सब कौन कहता है, यह आरोप निराधार है।" स्वामी जी हड़बड़ा-से गये थे।

"यह सब आस-पास के गाँववाले एवं किसान ही कह रहे हैं।"

"नहीं, यह सब बेबुनियाद आरोप हैं, ताकि आश्रम की प्रतिष्ठा को धूल-धूसरित किया जा सके।" यह कहते हुए स्वामी जी के माथे पर पसीने की बूँदे छलछला आयी थीं।

"उन लोगों ने जनपद के उच्चाधिकारियों से कई बार अपनी बात कही, किन्तु उच्चाधिकारीगण भी आपको मान-सम्मान देते हैं, इसलिए उनकी बात अनसुनी कर दी जाती है।"

"नहीं, ऐसा कुछ भी नहीं है।" यह कहते हुए उन्होंने दूर चरणों में बैठे साधुवेशधारी शिष्य को इशारे से कक्ष से बाहर जाने का निर्देश दिया, अब उस कक्ष में सिर्फ मैं और स्वामी जी ही शेष थे।

"स्वामी जी, मैंने सुना है कि आपके आश्रम में अनेक आपराधिक तत्त्व भी रहते हैं।"

"यह सब कोरी अफवाह है।"

"नहीं, यह मात्र कोरी अफवाह नहीं है। तीन वर्ष पूर्व आश्रम में ही एक हत्या हो गयी थी, जिसमें यहाँ के ही आपके दो-तीन शिष्यों के खिलाफ मुकदमा लिखा गया था, जिसमें आपने पहल करके मुकदमें को रफा-दफा करा दिया था।"

"यह आश्रम को बदनाम करने की साजिश थी।" यह कहते हुए स्वामी जी की जबान लड़खड़ा-सी गयी थी। उन्होंने पास ही रखे हुए जग से गिलास में पानी निकाल-

कर पीने लगे, उनकी साँस धौंकनी-सी चल रही थी। पानी पीने के बाद वह कहने लगे—''बेटा, यह इतना बड़ा आश्रम है, मुझे क्या पता कि कौन किस तरह का व्यक्ति है, मैं कोई अन्तर्यामी व्यक्ति तो हूँ नहीं, यद्यपि आश्रम में सुरक्षा के सारे उपाय किये गये हैं फिर भी यदि कोई गलत आदमी आ जाये, तो मैं क्या कर सकता हूँ?'' यह कहते हुए उन्होंने राहत की साँस ली।

''अच्छा, एक बात बताइये स्वामी जी कि विगत वर्षों में हिन्दू-मुस्लिम के दंगों में आपने उत्तेजनात्मक भाषण देकर आग में घी डालने का काम किया था।''

''नहीं, ऐसा सरासर झूठ है।''

''यह बिलकुल सत्य है, क्योंकि उस समय आपके द्वारा दिये गये प्रवचन की सी. डी. तब जाँच कर रही एजेन्सी के पास थी।''

इस प्रश्न पर स्वामी जी कुछ निरुत्तर-से हो गये, उन्होंने मुझसे प्रश्न पूछा—''पहले आप यह बताइये कि आप पत्रकार हैं कि किसी जाँच एजेन्सी के अधिकारी हैं?''

''नहीं स्वामी जी, मैं तो एक अदना-सा पत्रकार हूँ।'' हँसते हुए मैंने कहा।

''तो आप धर्म, अध्यात्म और मुझसे सम्बन्धित प्रश्न कीजिये, विगत घटनाओं से आपका क्या लेना-देना।''

''नहीं स्वामी जी, अतीत ही वर्तमान का प्रतिबिम्ब है तथा वही भविष्य निर्माण का संकेत है।''

मेरी इस उक्ति पर स्वामी जी सिर्फ मेरा चेहरा देख रहे थे तथा अपने अन्दर हीन भावना महसूस कर रहे थे, तभी मैंने एक प्रश्न पूछ लिया।

''स्वामी जी, परसों आपने अपने प्रवचन में **सादा जीवन उच्च विचार** अपनाने पर बल दिया था, किन्तु यहाँ पर बिलकुल ऐसा नहीं है।''

मेरे इस प्रश्न पर वह एकदम से चौंक-से गये और चाहकर भी कुछ बोल न सके, शर्म से उनकी नजरें नीची हो गयीं, फिर कुछ सोचते हुए बोले—''मैं तो स्वयं साधना, आराधना, जप, तप एवं ध्यान में लगा रहता हूँ। आश्रम में रहनेवाले मेरे शिष्यगण भी मेरे निर्देशानुसार कार्य करते हैं, जो कुछ भी आप देख रहे हैं, यह भक्तगणों द्वारा दी गयी सामग्री है।''

इस पर मैंने कहा—''आश्रम के पास इतनी अकूत सम्पत्ति है, जिससे कई अनाथालय और अस्पताल भी बन सकते हैं, इससे मानवमात्र की सेवा भी हो सकती है।''

मेरे इस प्रश्न पर भी स्वामी जी का चेहरा क्रोध से लाल हो गया, वे क्रोध से मुट्ठियाँ भींचने लगे, उनकी भाव-भंगिमा यह बता रही थी कि यदि मैं पत्रकार न होता तो वे मुझे तुरन्त आश्रम से बाहर निकलवा देते। अपने को संयत करते हुए उन्होंने कहा—''ठीक कहा बेटा! किन्तु अभी मुझे आश्रम का विस्तार करना है और यहाँ देखो दोनों समय धनी-निर्धन हरेक को बिना किसी भेद-भाव के भण्डारा कराया जाता है।''

"किन्तु स्वामी जी, यदि आपके ट्रस्ट द्वारा उक्त धन से अनाथ, विकलांग एवं बेसहारा लोगों की मदद की जा सकती है, तो यह कार्य क्यों नहीं किया जा रहा है? क्योंकि आप ही कहते हैं कि जन-जन में भगवान् बसते हैं।"

"ठीक है बेटा, मैं भविष्य में आपकी इस सलाह पर गौर करूँगा।" यह कहकर उन्होंने हमारी बात टाल दी। तभी मैंने उनसे एक प्रश्न पूछा लिया—"स्वामी जी, आपके आश्रम में शिष्यों के साथ-साथ अनेकानेक महिला सेविकाएँ भी रहती हैं।"

"हाँ, वे सभी महिलाएँ भक्त हैं।"

"किन्तु रात्रि में शिष्यों के साथ-साथ महिलाओं को आश्रम में आपके द्वारा रुकने की अनुमति कैसे दी जाती है।"

"पहले आप यह बतायें कि यदि कोई भक्त परिवार सहित आयेगा तो क्या अपने बाल-बच्चे एवं पत्नी को कहीं अन्यत्र छोड़कर आयेगा।"

"मैं उनकी बात नहीं कर रहा हूँ। मैं आपके आश्रम-परिसर में ही बने सेविकागृह की बात कर रहा हूँ, जहाँ लगभग पचास से अधिक महिलाएँ रहती हैं।"

"क्या...? यह सब आपको किसने बताया।" स्वामी जी की चीख निकल गयी।

"मैंने सम्पूर्ण आश्रम-परिसर का भ्रमण किया है, इसलिए मैंने देखा है कि वहाँ एक-से-एक सुन्दर सेविकाओं को रखा गया है।"

मेरे इस वाक्य को सुनते ही स्वामी जी ने अपना सिर पकड़ लिया और चीख पड़े।

"नहीं..."

उनकी चीख सुनकर आश्रम के दो-तीन साधुवेशधारी व्यक्ति अन्दर आ गये थे।

"क्या बात है गुरु जी?"

"कुछ नहीं...! जरा मेरी दवा दे देना, जो शयनकक्ष में रखी है, जरा ब्लडप्रेशर हाई हो गया है।"

तब तक मैंने अपने कैमरे से उनके एक-दो एंगिल से फोटो खींच लिये। उस समय उनका चेहरा देखने लायक था, उनके मुख पर तनाव, भय, शर्म एवं क्रोध के भाव परिलक्षित हो रहे थे। तब तक उनके शिष्य दवा लाकर अपने गुरु जी को दे दिये थे। दूसरे शिष्य ने एक गिलास में पानी निकालकर दिया तो उन्होंने दवा खाया, थोड़ा शान्त हुए, मैं भी चुपचाप उनको देख रहा था, कुछ देर बाद अपने को संयमित करते हुए उन्होंने कहा—"बेटा, वे सभी बेसहारा औरतें हैं, जिन्हें हम लोगों ने आश्रय देने के लिए ही सेविका गृह का निर्माण कराया है।"

"किन्तु ऐसी परिस्थिति में भी सेविकागृह का निर्माण आश्रम से कुछ दूरी पर होना चाहिए था, ताकि आश्रम में महिलाओं का किसी प्रकार का मानसिक एवं शारीरिक शोषण न हो सके।"

"आप यह किस आधार पर कह रहे हैं कि यहाँ पर महिलाओं का शोषण होता है।"

"जी, मैंने अपनी आँखों से ही देखा है।"

"क्या देखा है?" क्रोध से स्वामी जी का चेहरा तमतमा गया था।

"मैंने अभी यहीं देखा था कि दो महिलाएँ आपके हाथ-पैरों को दबा रहीं थीं।"

"तो इसमें क्या अपराध है, प्राचीन काल में भी ऋषियों-मुनियों द्वारा अपने आश्रम में स्त्रियों को रखे जाने की परम्परा विद्यमान थी।"

"बिलकुल, मैं आपसे सहमत हूँ, लेकिन प्राचीन काल में कोई भी ऋषि किसी दूसरी स्त्री से हाथ-पैर नहीं दबवाता था।"

मेरा यह वाक्य सुनते ही स्वामी जी को जैसे बिजली का जोरदार करण्ट-सा लग गया, वे अपने सिंहासन से उछल पड़े और बोले—"तो क्या मैं कामी, लोभी और व्यभिचारी हूँ?"

"मैं आप पर कोई आरोप नहीं लगा रहा हूँ, बल्कि मैं सिर्फ यही कह रहा हूँ कि जब प्राचीन काल में विश्वामित्र जैसे महर्षि का मेनका ने ध्यान-भंग कर दिया था, तो इसमें कुछ भी हो सकता है।"

"देखिये, अब हमें भक्तों को भी दर्शन देने का समय हो रहा है, बेवजह की बातों के अलावा आपको यदि कुछ और पूछना हो तो पूछिये।"

स्वामी जी ने इस प्रसंग को इस ढंग से ही मोड़ना उचित समझा, मैंने भी समझ लिया कि इस विषय पर तर्क-वितर्क करने से कुछ भी हासिल होनेवाला नहीं। मैंने विषय बदलते हुए पूछा—"स्वामी जी आपका जन्म-स्थान कहाँ है?"

"मेरा जन्म उ.प्र. के गाजीपुर जनपद में हुआ था और मेरा गाँव गंगा के किनारे पर स्थित है, बचपन से ही गंगा माँ के किनारे ध्यान मुद्रा में बैठता था।"

"आपका जन्म के समय का वास्तविक नाम क्या है?"

"आपका इन सब अस्थायी चीजों से क्या लेना-देना। नाम-दाम, मोह-लोभ सब यहीं छूट जायेगा।"

"लेकिन फिर भी बताने की कृपा करें।"

"नहीं, मुझे इसकी कोई आवश्यकता समझ में नहीं आती।"

"अच्छा, स्वामी जी यह बताइये कि आपका गाँव किस थाना क्षेत्र के अन्तर्गत आता था?"

थाने का नाम सुनते ही स्वामी जी का चेहरा फक हो गया, उनके चेहरे पर हवाइयाँ उड़ने लगीं, जबान तालु से चिपक गयी और लड़खड़ाते हुए बोले—"पहले... आप हमें... यह... बताइये कि आप पत्रकार हैं... या कि... कोई पुलिस अधिकारी?"

"स्वामी जी, मैं तो सिर्फ पत्रकार हूँ और केवल आपका थाना क्षेत्र पूछ रहा हूँ।"

"लेकिन आपको... यह... पूछने... की क्या आवश्यकता है?" उनकी जबान अभी भी लड़खड़ा रही थी।

"कहीं आप उस थाने के हिस्ट्रीशीटर या भागे हुए अपराधी तो नहीं हैं।"

यह सुनते ही स्वामी जी अवाक् रह गये, उनका चेहरा पीला पड़ गया था, गला सूख गया था, जबान तालु से चिपक गयी थी, चेहरे पर भय की परछाइयाँ स्पष्ट दृष्टिगोचर हो रही थीं। वह कुछ भी बोलने की स्थिति में नहीं थे। घबराये हुए-से असहाय दृष्टि से वे मुझे निहार रहे थे।

•

प्यार बनाम विवाह

''नहीं राजन, मैं तुमसे विवाह नहीं कर सकती?''

''क्यों? क्या तुम्हें अब मुझसे प्यार नहीं है?''

''नहीं, इसका मतलब यह नहीं, कि मुझे तुमसे प्यार नहीं है।''

''फिर क्या बात है रागिनी?''

''अब स्थितियाँ बदल गयी हैं।''

''क्या?''

''अब तुम्हारे छोटे-छोटे बच्चे हैं।''

''लेकिन अब बीबी नहीं रही, वह तो छह महीने पहले कैन्सर से चल बसी।''

''जानती हूँ।''

''तो अब हम दोनों विवाह कर सकते हैं, अब क्या अड़चन है?''

''यूँ तो कोई अड़चन नहीं है।''

''मेरे घरवाले भी इसके लिए राजी हैं, रही तुम्हारे घरवालों की बात... उन्हें मैं मना लूँगा।''

''लेकिन अब मैं तैयार नहीं हूँ।''

''आखिर क्यों?''

''मैं तुम्हारे परिवार में रहकर तुम्हारे बच्चों के साथ चाहे जितनी त्याग-तपस्या करूँ, बच्चे कभी भी मुझे अपनी माँ के रूप में स्वीकार नहीं कर पायेंगे।''

''ऐसा नहीं होगा।''

''बिलकुल ऐसा ही होगा।''

''रागिनी यह क्यों नहीं कहती, अब तुम्हें मुझसे प्यार नहीं है।''

''ऐसा मत कहो राजन, तुम्हारे विवाह से पहले भी मेरा तुमसे प्यार था, विवाह के बाद भी तुमसे प्यार रहा, और आगे भी रहेगा।''

''लेकिन बच्चे तुम्हें माँ के रूप में स्वीकार कर लेंगे?''

''भला कैसे?''

"प्रत्येक औरत एक माँ होती है, जब तुम एक माँ के रूप में बच्चों को प्यार करोगी, किसी को कोई शिकायत नहीं होगी।"

"मैं जानती हूँ कि हम दोनों को एक-दूसरे से कोई शिकायत नहीं होगी, लेकिन समाज तो हमें सौतेली माँ का ही खिताब देगा, जिसे मैं स्वीकार नहीं करना चाहती।"

"तुम्हें समाज की इतनी चिन्ता क्यों है? क्या तुम भूल गयी हमारी शादी से पहले तुम समाज की कोई परवाह किये बिना मेरे साथ कहीं भी चलने के लिए तैयार थी?"

"समझने का प्रयास करो राजन, अब वैसी स्थितियाँ नहीं रहीं।"

"सीधी-सीधी बात क्यों नहीं कहतीं। अब तुम्हें किसी दूसरे से प्यार हो गया है।"

"यह बिलकुल गलत है, मेरा आजीवन तुम्हीं से प्यार रहेगा।"

"उस समय हम दोनों के परिवारवालों ने हमें विवाह की अनुमति नहीं दी थी, अब तो कोई बाधा नहीं है।"

"ईश्वर ने हम दोनों को फिर से मिलने का एक बहुत बड़ा अवसर दिया है।"

"तुम ठीक कहते हो राजन, लेकिन हम दोनों के विवाह करने में भविष्य में एक समस्या और होगी।"

"वह क्या?"

"जब हम दोनों से कोई बच्चा होगा, तब मुझे उसको भी समय देना पड़ेगा, तब यह स्वाभाविक है, इन बच्चों को उतना समय नहीं दे पाऊँ।"

"अरे रागिनी, इतना आगे सोचने की क्या जरूरत है, तब एक-दो आया भी रख ली जायेंगी।"

"लेकिन इन बच्चों पर तो गलत असर पड़ेगा, वे तो यह सोंचेगे कि मैं अपने बच्चे को ज्यादा प्यार कर रही हूँ और उन्हें नज़रअन्दाज़ कर रही हूँ।"

"लेकिन मुझे तुमसे कोई शिकायत नहीं होगी।"

"हो सकता है कि ऐसी परिस्थिति में तुम्हें और तुम्हारे परिवारवालों को मुझसे शिकायत होने लगे।"

"अरे, तुम ऐसा क्यों कह रही हो?"

"ऐसा इसलिए होगा कि स्वाभाविक रूप से प्रत्येक माँ को अपने बच्चे से अधिक प्यार होता है और वह उसे अधिक लाड़-प्यार देती है।"

"क्या?"

"लगता है रागिनी, आज तुमने कॉलेज में लेक्चर नहीं लिया है, इसीलिए तुम मुझे मनोविज्ञान पढ़ाने लगी।"

"जो भी समझो पर यही सत्य है।"

"तो तुम्हारा आगे क्या करने का विचार है?"

"आज मैं अपने पैरों पर खड़ी हूँ। डिग्री कॉलेज में लेक्चरर के पद पर कार्यरत हूँ।"

"वह तो ठीक है, लेकिन क्या जीवन-भर अविवाहित ही रहोगी?"

"मैंने जीवन में बस तुमसे ही प्यार किया है, उन मधुर स्मृतियों के एक-एक पल को मैने सँजोकर रख लिया है।...

"...हमारी पहली मुलाकात याद करो राजन, जब मैं अपने कॉलेज से वापस लौटते समय सिटी बस में कुछ शोहदों के बीच घिरी हुई खड़ी थी, मैंने उस समय असहाय दृष्टि से इधर-उधर देखा... अचानक! उस समय मेरी दृष्टि तुम पर पड़ी, तुमने आँखों-ही-आँखों में मेरी विवश स्थिति को देखते हुए अपनी सीट छोड़कर मुझे तत्कालीन संकट से उबार लिया था।"

"हाँ रागिनी, मुझे आज भी आँखों-ही-आँखों की वह पहली मुलाकात याद है, जिसमें हम दोनों बिलकुल खामोश थे, मुझे वह क्षण आज भी रोमांचित कर जाता है।"

"राजन, क्या तुम्हें हम लोगों की दूसरी मुलाकात भी याद है, जब मैं एक बैग लेकर बाजार में खरीदारी के लिए निकली थी और अचानक वहाँ पर हम दोनों की मुलाकात हो गयी थी।"

"हाँ, क्यों नहीं याद है, अचानक जब तुम पर मेरी दृष्टि पड़ी मैं चौंक गया था और तुम भी मुझे देखकर सकपका गयी थी तथा बड़े गौर से मुझे देखने लगी थी...। अगले ही पल हम दोनों को एक साथ अपनी पहली मुलाकात का स्मरण हो आया था और हम दोनों साथ ही बोल पड़े, 'अरे आप!' अचानक एक साथ बोलने के कारण हम दोनों हँस पड़े थे।"

"उसके बाद तुमने मेरे नजदीक आकर जिस अन्दाज़ में मेरा नाम पूछा था, मुझे वह पल अभी भी याद है।"

"और अपनी नजरें झुकाकर तुमने जिस अदा से अपना नाम रागिनी बताया था, वह शब्द आज भी मेरे अन्तर्मन को छू जाता है।"

"इस पर तुमने चौंककर कहा था... अरे! आपका नाम रागिनी है और मेरा राजन। इस तरह से हम दोनों की एक ही राशि हुई लगता है, आप आस-पास यहीं-कहीं रहती हैं। तब तुमने उँगली से एक गली की ओर इशारा करते हुए अपने मोहल्ले का नाम बताया था।"

"हाँ, मुझे वह स्वर्णिम क्षण अभी भी याद है, हमारी आपकी वह मुलाकात आज भी स्वप्निल चित्र की भाँति मेरे मानस-पटल पर अंकित है।"

"अच्छा!... बताओ रागिनी तुम्हें अभी भी क्या-क्या याद है?"

"क्या राजन! तुम्हें याद है, जब तुमने पहली बार मेरे हाथ का स्पर्श किया था।"

"नहीं... मुझे तो कुछ याद नहीं आ रहा।"

"तुम बिलकुल भुलक्कड़ हो... शायद पत्नी-प्रेम में डूबकर पुरानी मधुर स्मृतियों को भूल चुके हो।"

''तुम अब भी पहली जैसी चुलबुली हो... मजाक करना तो कोई तुमसे सीखे।''

''और गम्भीर रहना तुमसे...''

''अब मुझसे रहा नहीं जाता... मुझे प्रथम स्पर्श की उस मधुर स्मृति की याद तो दिलाओ रागिनी...''

''वर्षा ऋतु में जब एक दिन तुम अपने कॉलेज से लौट रहे थे और मैं भी अपने कॉलेज से लौट रही थी कि अचानक बारिश होने लगी थी और तुम दौड़ते हुए बस स्टाप की ओर आ रहे थे, तब मैंने तुम्हें बारिश में भीगते हुए देखकर तुम्हारा नाम लेकर बुलाया था।''

''हाँ... याद आया। उस समय तुमने मुझे अपनी छोटी-सी छतरी मेरी तरफ बढ़ा दी थी, लेकिन संकोचवश मैंने मना कर दिया था।''

''आगे क्या हुआ था, यह भी बताओ राजन।''

''उस समय आस-पास कोई पेड़ भी नहीं दिखायी दे रहा था, तब तुमने कहा था... चलो बस स्टाप तक या जहाँ कहीं पेड़ मिल जाये, वहाँ तक हम दोनों एक ही छतरी के नीचे चलेंगे।''

''तुमने मेरा प्रस्ताव मानकर मेरी छतरी के नीचे चलना स्वीकार कर लिया था और छतरी पकड़ते समय ही तुम्हारी हाथों के उस मधुर स्पर्श ने मुझे रोमांचित कर दिया... मेरे हृदय की धड़कनें बढ़ गयीं... वर्षा ऋतु की उस फुहार ने मेरे रोम-रोम में एक ऐसी आग जला दी, जिससे मेरे अन्तर्मन में प्यार का दीपक प्रज्वलित हो उठा जो आज भी मेरे मनमानस में जल रहा है।''

''बिलकुल सही रागिनी, ध्यान है... उसी समय मैंने कहा था कि जब हम एक छतरी के नीचे रह सकते हैं तो एक छत के नीचे क्यों नहीं?...किन्तु उस समय तुम मौन रही।''

''उस समय मैं खुद अपने आपे में नहीं थी, तुम्हारे मुख से निकले हुए इस शब्द से मेरे मनमानस में तुम्हारे प्रति समर्पण की एक भावना जगा गयी... मेरी जबान तालु से चिपक गयी... आँखों-ही-आँखों में खामोश रहकर मैंने बहुत-कुछ कहा और तुम भी मौन रहकर सब-कुछ समझ गये थे।''

''मैंने एक बार फिर तुमसे पूछा लेकिन तुम मौन रही... हाँ, तुम बार-बार अपनी छतरी मेरी ओर बढ़ा देती कि मैं न भीगूँ और मैं तुम्हारी ओर...''

''रास्ते में चार-पाँच वृक्ष भी पड़े, लेकिन हम लोग रुके नहीं... बारिश में भीगते हुए आगे बढ़ते गये।''

''उस घटना की मधुर स्मृति मुझे अभी भी रोमांचित कर जाती है।''

''वहीं से तो हमारे प्यार के बीज का अंकुरण हुआ, जो आज भी जीवित है और आजीवन जीवित रहेगा।''

"इसके पश्चात् हम लोगों की अनगिनत मुलाकातें हुई थीं और हम दोनों ने एक साथ रहने की कसमें भी खायी थीं। ...और जानती हो रागिनी वे प्रत्येक पल मुझे आज भी याद हैं।"

"प्यार के मधुरिम मिलन के पुस्तक रूपी उन अनन्त पलों के प्रत्येक पृष्ठ को मैंने अपने जीवन की अमूल्य पूँजी मानकर अच्छी तरह से सँजोकर रखा है।"

"किन्तु रागिनी आज तक मुझे यह समझ में नहीं आ रहा है कि उस समय जब मैं तुमसे विवाह करने के लिए तैयार था और तुमको अँधेरी रात में अपने पिता की इच्छा के विरुद्ध अपने साथ ले जाने के लिए बुलाया था और तुम आयी भी थी, किन्तु तुमने अपने प्यार की सौगन्ध देकर मुझे अपने घर वापस जाने के लिए विवश कर दिया था।"

"हाँ, मुझे सब-कुछ याद है।"

"बताओ रागिनी... आखिर तुमने मुझे अपने घर वापस लौटने के लिए प्यार की सौगन्ध क्यों दी थी?"

"मैंने इसलिए अपने प्यार का बलिदान कर दिया था, क्योंकि उस समय तुम्हारे पिता जी ने, मृत्युशय्या पर पड़े हुए अपने अन्तरंग मित्र को यह वचन दिया था कि उनके न रहने पर वह उनकी बेटी को अपनी बहू के रूप में स्वीकार कर लेंगे।"

"लेकिन तुम्हें यह बात कैसे पता चली थी?... मुझे तो कुछ याद नहीं आ रहा है।"

"क्यों राजन, शायद तुम भूल गये हो कि एक दिन तुम बहुत चिन्तित थे और जब मैंने तुम्हारी चिन्ता का कारण पूछा था, तब तुमने यह बात मुझे स्वयं बतायी थी।"

"लेकिन अब तो हमारे-तुम्हारे मिलन में कोई बाधा नहीं रह गयी है।"

"किन्तु, अब परिस्थितियाँ बदल गयी हैं।"

"लेकिन, क्या सम्पूर्ण जीवन उन मधुर स्मृतियों के सहारे ही काटने का इरादा है?"

"राजन, प्यार का मतलब सिर्फ विवाह करके सन्तान उत्पन्न करना ही नहीं है, अपितु मैं तुमसे पूछती हूँ...क्या हम दोनों बिना विवाह किये हुए एक-दूसरे को प्यार नहीं कर सकते?"

●

बूढ़े लोग

''मेरी इच्छा है कि आप और माँ जी दोनों लोग गाँववाले मकान में जाकर रहें।''

''क्या?'' यह सुनकर बूढ़े बाप को विश्वास नहीं हुआ।

''हाँ पिता जी।''

''लेकिन क्यों शैलेश? अचानक यह तुम क्यों कहने लगे?'' शर्मा जी को अभी भी विश्वास नहीं हो रहा था।

''नहीं पिता जी, आप लोगों के यहाँ रहने पर हम लोगों को कुछ दिक्कत हो रही है।'' नजरें नीची रखते हुए शैलेश ने कहा।

''क्या दिक्कत हो रही है, शैलेश?''

''यहाँ घर में केवल दो कमरे और एक ड्राइंग-रूम है, जिससे मैनेज करने में बड़ी दिक्कत हो रही है।''

''लेकिन बेटा, हम लोग तो दिन में पीछेवाले कमरे में रहते हैं, हम लोगों का कोई खास सामान भी नहीं है, जिससे बहुत अधिक जगह भी नहीं घिरती है।'' शर्मा जी बोले।

''लेकिन हमारा बहुत-सारा सामान दालान में ही पड़ा है, दो कमरों के मकान में बड़ी दिक्कत हो जाती है, अक्सर शैलेश के मित्र भी आ जाते हैं, मुझे भी कभी-कभी पार्टी करने में समस्या उत्पन्न हो जाती है। सुबह से ही किचन में लगना पड़ता है।'' रागिनी बोली।

''लेकिन बहू मैं भी तो इस उम्र में जितना सम्भव होता है, तुम्हारी मदद ही करने का प्रयास करती हूँ।'' आश्चर्य से माँ ने बहू की ओर देखा।

''माँ जी आप नहीं समझेंगी।'' झुंझलाते हुए रागिनी बोली।

''नहीं पापा, मेरे दादी-बाबा कहीं नहीं जायेंगे।'' कहते हुए अर्पित दादी से लिपट गया।

''मैं भी अपने बाबा-दादी को कहीं नहीं जाने दूँगी।'' कहते हुए मानसी बाबा की गोद में बैठ गयी।

''जबसे बाबा ने हमें पढ़ाना शुरू किया है, तब से हमें हिन्दी और संस्कृत के चैप्टर समझ में आने लगे हैं।'' अर्पित बोला।

"भैया सही कहते हैं।" मानसी बोली।

"दादी-बाबा हमें आप लोगों से अधिक प्यार करते हैं।" भोलेपन से अर्पित बोला।

"बेटा! जहाँ बड़े लोग बात कर रहे होते हैं, बीच में नहीं बोलते, तुम लोग अन्दर जाकर पढ़ो।" अर्पित और मानसी को डाँटते हुए रागिनी बोली।

दोनों बच्चे एक-दूसरे को देखते हुए अन्दरवाले कमरे में चले गये। शर्मा जी की निगाहें कमरे की छत पर कुछ खोज रही थीं जबकि उनकी मिसेज का ब्लड-प्रेशर बढ़ रहा था। शैलेश और रागिनी अपने-अपने कमरे में जा चुके थे।

मिसेज शर्मा का सिर चकराने लगा, उन्हें सहारा देते हुए शर्मा जी बोले—

"क्या बात है?"

"जरा मेरी ब्लड-प्रेशर की दवा देना और एक गिलास पानी देना।"

"क्या तुम्हारा ब्लड-प्रेशर बढ़ रहा है?"

"हाँ।"

"ओह!"

शर्मा जी ने पास में रखे जग से गिलास में पानी डाला और दवा के डिब्बे से दवा निकालकर दिया।

"अरे! क्यों चिन्ता करती हो भाग्यवान्?"

"अरे! अब मैं भाग्यवान् कहाँ रही? अब तो मैं दुनिया की सबसे अभागी माँ हूँ।" दवा खाते हुए मिसेज शर्मा ने कहा।

"जहाँ कोई किसी से बहुत ज्यादा मोह करता है या किसी से ज्यादा अपेक्षा करता है, वहाँ दुःख-ही-दुःख होता है।" शर्मा जी ने समझाते हुए कहा।

"आप तो पेशे से अध्यापक रहे, लेकिन मैं एक स्त्री हूँ, मैं तो सिर्फ एक माँ हूँ, किसी की पत्नी या बेटी हूँ।"

"लेकिन जो हकीकत है वह तुम्हारे सामने है, इसे कैसे झुठला पाओगी।"

"यही तो मैं समझ नहीं पा रही हूँ। जिन बेटों को मैंने अपनी कोख में पालकर जन्म दिया, अपना दूध पिलाया, आज वही पराये हो गये।" क्रोध में मिसेज शर्मा अपने दाँत पीस रही थीं।

शर्मा जी ने जानकी के ब्लड-प्रेशर को देखते हुए उन्हें समझाते हुए कहा—"इस जगत् में आने से पहले कौन किसका बाप था, कौन किसकी माँ? यह कौन जानता है, सारे रिश्ते-नाते सिर्फ यहीं बने हैं और यह सिर्फ एक छलावा है।"

"देखो! मुझसे अध्यापकगीरी मत करो। मेरे तो दो-दो बेटे हैं, छोटे बेटे दिनेश ने तो किराये के मकान का बहाना बनाकर हमें भगा दिया। अब शैलेश भी हमें अपने यहाँ रखने के लिए तैयार नहीं है।" मिसेज शर्मा दाँत के साथ-साथ मुट्ठियाँ भी भींच

चुकी थीं, उनके चेहरे पर चढ़ते-उतरते भाव, तनाव व लालिमा देखकर अचानक शर्मा जी घबरा उठे, लेकिन अपने को संयत करते हुए बोले–"शान्त हो जाओ, अधिक क्रोध तुम्हारे स्वास्थ्य के लिए ठीक नहीं है।"

"क्यों शान्त हो जाऊँ... आज मैं खूब शोर मचाऊँगी... खूब चिल्लाऊँगी देखें, मेरा कोई क्या करता है?"

"अरे क्यों घबराती हो, मैं तो तुम्हारे साथ हूँ ही।"

फिर मिसेज शर्मा के बढ़ते क्रोध को देखते हुए तुरन्त टॉपिक बदलते हुए शर्मा जी बोले–"अच्छा, यह बताओ हम लोग अलग-अलग परिवार के हैं, हम लोगों के माता- पिता भी अलग-अलग हैं, हम लोगों के जीन एवं संस्कार भी अलग-अलग हैं, फिर भी हम दोनों इतना करीब कैसे आ गये।"

"मुझे मालूम नहीं?"

"कहो तो मैं बताऊँ।" शर्मा जी अपनी तथा जानकी की आँखों का चश्मा उतारते हुए बोले।

"बताइये, लेकिन इसके लिए आँखों का चश्मा उतारने की क्या आवश्यकता है!" आश्चर्यमिश्रित स्वर में जानकी बोलीं–"क्या बगैर चश्मा उतारकर इस प्रश्न का उत्तर नहीं दिया जा सकता है?"

"नहीं, यही इस उत्तर की खासियत है, जब तक आँखों में किसी तरह का परदा पड़ा रहेगा, इस तरह के प्रश्न का उत्तर नहीं दिया जा सकता।" गम्भीर होते हुए शर्मा जी बोले।

"अब तो जल्दी बताओ, मुझे उत्तर जानने की बेसब्री हो रही है।"

"अभी नहीं, पहले अपनी अलमारी में रखे हुए मिठाई के डिब्बे से एक मिठाई निकालकर खिलाइये।"

"लेकिन आनन्द, तुम्हें तो शुगर बढ़ जायेगा!" घबराते हुए जानकी बोली।

"अरे मेरी सीता! तुमने शुगर-शुगर कहकर मुझे मिठाई भी खिलाना बन्द कर दिया। याद करो वो दिन जब तुम मुझे हमेशा स्कूल जाने से पहले और जब मैं स्कूल से आता था, अपने हाथों से मिठाई खिलाती थी।"

"अच्छा, बाबा लाती हूँ।" यह कहकर उसने पास रखी अलमारी से डिब्बा निकाला और लेकर आ गयी, उसमें से एक पीस शर्मा जी को खिलाने लगी। शर्मा जी भी उसमें से एक पीस निकालकर जानकी को खिलाने लगे, पहले तो जानकी ने न खाने के लिए सिर हिलाया, लेकिन दोनों एक-दूसरे को खिलाने लगे, जब जानकी मिठाई का आखिरी टुकड़ा शर्मा जी को खिला रही थी, शर्मा जी ने धीरे से जानकी की उँगली काट ली।

"अरे! मार डाला।" हाथ झटकते हुए जानकी बोली।

"क्या हुआ?" हँसते हुए शर्मा जी बोले।

"बड़े बदमाश हो आनन्द, अभी भी तुम्हारी यह आदत नहीं गयी।" उँगली रगड़ते हुए जानकी बोली।

"यही तुम्हारे इस प्रश्न का उत्तर है।" कहते हुए शर्मा जी ने जानकी को अपनी बाँहों में भर लिया।

"सच है आनन्द, तुम्हारी बाँहों में मुझे कितना सुकून मिलता है।"

जानकी का गुस्सा कब का शान्त हो गया था।

"और मुझे भी तो... ।"

थोड़ी देर बाद शर्मा जी जानकी को लेकर चारपाई पर बैठ गये और जानकी का सिर अपनी गोद में रख लिया और धीरे-धीरे सहलाने लगे।

"अच्छा बताओ आनन्द, हम लोगों ने तो बचपन से ही इन बच्चों को गीता और रामायण पढ़ाया था, खूब अच्छे संस्कार दिये थे, अचानक यह सब क्या हो रहा है?"

"यह सब माहौल का असर है, आजकल भागमभाग की जिन्दगी में बस लोग भागे ही जा रहे हैं। कोई किसी को देख नहीं रहा है।"

"क्या लोगों के पास अपने बूढ़े माँ-बाप की भी सेवा करने का समय नहीं है।"

शर्मा जी चुप हो गये।

"दिनेश ने भी बहाना बनाकर हम लोगों को घर से बाहर कर दिया। अब शैलेश भी अपने घर में रखने के लिए तैयार नहीं है।"

"हो सकता है यही हम लोगों की नियति हो।"

"पहले तो आप गीता के कर्म को सर्वाधिक प्रधानता देते थे... आप कब से भाग्यवादी हो गये?" मुस्कराते हुए जानकी ने कहा।

"जब से हम लोगों का शरीर लाचार हो गया।" जानकी को मुस्कराते देख शर्मा जी के चेहरे पर मुस्कान उभर आयी।

"अच्छा अब सो जाओ, रात के दो बज चुके हैं।" दीवाल-घड़ी पर दृष्टि डालते हुए शर्मा जी ने कहा और यह कहते हुए शर्मा जी ने कमरे की लाइट बन्द कर दी।

धीरे-धीरे जानकी तो सो गयी थी, लेकिन शर्मा जी की आँखों से नींद कोसों दूर थी, उनके सामने अतीत के एक-एक पृष्ठ खुलते जा रहे थे, उनका पढ़ाया हुआ एक शिष्य राजन जो आज महाराष्ट्र में आई.पी.एस. अधिकारी है, जब उसे पता चला कि उसकी माँ को टी.बी. हो गयी है, वह वहाँ से छुट्टी लेकर आया था और माता-पिता तथा बड़े भाई के लाख मना करने के बाद उन्हें महाराष्ट्र ले गया, और उनकी खूब लगकर सेवा की, जिसमें माँ बिलकुल स्वस्थ हो गयी, पिछले पाँच वर्षों से वह उनको अपने साथ ही रखे हुए हैं, कितनी भी व्यस्तता हो, वह और उसकी पत्नी दोनों उनका कितना

खयाल रखते हैं, जबकि उसने एक बंगाली आई.पी.एस. अधिकारी बाला से लव मैरिज कर लिया था, उस समय उनके माता-पिता ने खूब विरोध किया था और वे विवाह में भी सम्मिलित नहीं हुए थे, लेकिन इसके बावजूद भी बहू उनकी खूब सेवा करती थी। पिछली बार जब राजन के माता-पिता गाँव आये थे, तो उन्होंने चौपाल में ही सबके सामने यह बात कही थी। इसी तरह उनके पढ़ाये अनेक शिष्य अलग-अलग पदों पर कार्य कर रहे हैं और अपने-अपने कार्य के साथ माता-पिता की भी खूब सेवा कर रहे हैं।

लेकिन यहाँ तो स्थितियाँ बिलकुल विपरीत हैं, दीया तले अँधेरा था उन्हें छह माह पूर्व की वे घटनाएँ याद आने लगीं, जब वे दोनों अपने छोटे-बेटे दिनेश के यहाँ जयपुर गये थे, दो महीने तक तो सब-कुछ सामान्य रहा, छोटी बहू सर्विस करने के बाद भी उनकी सेवा करती थी तथा उन दोनों का बेटा अभिजात भी खूब हिल-मिल गया था। अचानक दो महीने बाद जब दिनेश ने हम दोनों से कहा था—"पिता जी, मेरी इच्छा है कि आप दोनों लोग शैलेश के पास चले जायें।"

"लेकिन क्यों?"

"बस यूँ ही।" नजरें नीची किये हुए दिनेश बोला था।

"नहीं, बताओ तो क्या मामला है?"

"मामला कुछ भी नहीं है।"

"फिर बात क्या है बेटा, हम लोगों से क्या गलती हो गयी है, खुलकर बताओ?"

"पिता जी हम दोनों की प्राइवेट नौकरी है, महँगाई अपनी चरम सीमा पर है, इतने बड़े शहर में किराये के मकान में रहकर सबका खर्चा चलाना बड़ा मुश्किल हो रहा है। शैलेश की तो सरकारी नौकरी है, सब-कुछ निभ जायेगा।"

"ओह, यह बात है!" बहू सुनीता भी वहाँ आ गयी थी और उसने दिनेश को हम लोगों के सामने फटकारते हुए कहा था—

"दिनेश! तुमको शर्म नहीं आती, अपने माँ-बाप के लिए ऐसा कहते हुए... और फिर यह निर्णय लेने से पहले, तुमने हमसे भी पूछना उचित नहीं समझा... माँ एवं पिता जी कहीं नहीं जायेंगे... यहीं रहेंगे।"

"सुनीता! तुम हम लोगों के बीच में मत बोलो... यह हमारा निजी मामला है।" दिनेश कड़े स्वर में बोला था।

"तो मैं क्या परायी हूँ... मैं भी तो कमाती हूँ, घर का खर्च चलाने के लिए... दादी-बाबा को पाकर अभिजात भी कितना खुश रहने लगा है।"

"हर मामले में तुम मत कूदा करो।" दिनेश ने सुनीता का कन्धा पकड़कर धक्का दे दिया था और किसी तरह वह गिरते-गिरते बची थी।

"बेटा! तुम्हारी असली समस्या हम लोग हैं, इसके लिए बहू से क्यों झगड़ते हो?" जानकी ने उसे डाँटते हुए कहा था, और दिनेश वहाँ से पैर पटकते हुए चला गया था।

उसी रात को ही उन दोनों ने ही जयपुर से आगरा जाने का निर्णय ले लिया था और सुबह होने पर दिनेश को बता दिया था कि वे दोनों बस से आगरा चले जायेंगे, उनका यह निर्णय सुनकर सुनीता अचम्भे में पड़ गयी थी, जबकि उनके बेटे दिनेश के चेहरे पर खुशी के भाव थे, सुनीता ने तो उनसे अनुरोध भी किया था।

''माँ जी, आप लोग कल की बात भूल जाइये, आप लोगों के यहाँ रहने से हम लोगों को कितना आराम हो गया है।''

''हाँ दादी... आप छोड़कर मत जाइये...।'' आँखों में आँसू देखकर जानकी ने अभिजात को अपनी गोद से चिपटा लिया था। दोनों की आँखों में आँसू देखकर उसकी भी आँखें नम हो गयी थीं।

''पिता जी, तब तक आप लोग नहा-धोकर नाश्ता कीजिये, मैं बस अड्डे तक जाने के लिए आटो ले आता हूँ।''

''ठीक है बेटा, मेरी तुमसे यही उम्मीद है, यहाँ आकर हम दोनों ने जीवन की सबसे बड़ी भूल की है, हम लोग पहले से ही नहा-धोकर तैयार हैं, रही बात नाश्ते-वाश्ते की... वह बस स्टाप पर ही हो जायेगा।''

''नहीं पिता जी, आपको मेरी कसम... कुछ खा लीजिये। अब आप लोगों के बीच में कुछ बोल नहीं पा रही हूँ।''

थोड़ी ही देर में सुनीता ने टेबिल पर हम दोनों का मनपसन्द नाश्ता तैयार करके रख दिया था और हम दोनों की नाश्ता करने की कतई इच्छा नहीं थी, लेकिन सुनीता ने अपनी कसम दिलाकर नाश्ता करने के लिए मजबूर कर दिया था, उस समय नाश्ते का एक-एक कौर जहर का कौर लग रहा था। वह दिनेश और सुनीता के व्यवहार के बारे में सोच रहा था कि सुनीता पराया खून होते हुए भी बेटी से बढ़कर थी। वहीं दिनेश अपना खून होते हुए भी पराया हो चुका था और वह जानकी को लेकर उसी दिन आगरा चला आया था। तब शैलेश और रागिनी ने फोन से ही दिनेश को डाँटा था, लेकिन आज इन दोनों का अचानक व्यवहार बदल गया था। फिर उसे गाँव के जर्जर मकान की याद आयी, जिसकी छतें बरसात में टपकती हैं, बिना मरम्मत कराये हुए वह मकान रहने लायक नहीं रह गया है, लेकिन उसका जी.पी.एफ. एवं फण्ड का पैसा बच्चों की शिक्षा-दीक्षा एवं शादी-ब्याह में ही लग गया था, आय के नाम पर केवल पेन्शन का ही सहारा रह गया था, जिससे किसी तरह गुजारा हो सकता था। यही सब सोचते हुए रात बीत गयी। जब सुबह का अलार्म बजा, तब वह हड़बड़ा-सा गया, उसने जानकी को भी जगाया, वह भी कुनमुनाकर उठी।

''अरे! आप ठीक से सोने भी नहीं देते।''

''अरे देखो, सुबह के सात बज गये हैं।''

''अच्छा!'' जानकी हड़बड़ाकर उठी।

''आज मेरी नींद नहीं पूरी हुई।''

''मेरी भी तो नहीं हुई है।''

''क्यों तुम्हें क्या हुआ है?'' आँखें मलते हुए जानकी बोली।

''कुछ भी तो नहीं।'' इस प्रश्न पर शर्मा जी हड़बड़ा गये।

''अच्छा! तुम्हारी आँखें लाल हैं, लगता है तुम रात में ठीक ढंग से सोये नहीं हो, रात-भर कुछ-न-कुछ चिन्तन-मनन करते रहे होगे।''

''नहीं, ऐसी बात नहीं।''

''हाँ, ऐसी ही बात है।''

फिर दोनों नहा-धोकर पूजा-पाठ करके उठे थे तब तक अर्पित और मानसी आ गये थे।

''जल्दी चलो बाबा, नाश्ता तैयार हो गया है, मम्मी ने बुलाया है।'' मानसी बोली।

''हाँ दादी जल्दी चलो, गर्मा-गर्म पकौड़ी और ब्रेड-रोल बना है।'' चहकते हुए अर्पित बोला।

''ठीक है, चल रहे हैं।'' जल्दी-जल्दी शर्मा जी और जानकी नहा-धोकर ड्राइंग-रूम में पहुँचे। जब टेबिल पर शर्मा जी और जानकी नाश्ता कर रहे थे, तो शैलेश भी सामने की कुर्सी पर नाश्ता करने के लिए बैठ गया। रागिनी गर्मा-गर्म पकौड़ी निकाल- कर ला रही थी, नाश्ता करते-करते ही बीच में शैलेश पूछ बैठा—''पिता जी, आप कब गाँव जायेंगे? जब भी आप गाँव जाने का प्रोग्राम बनायें, हमें दो दिन पहले बता दीजियेगा, मैं आप लोगों को खुद गाँव छोड़ने के लिए आफिस से छुट्टी भी ले लूँगा और रेल में रिजर्वेशन करा लूँगा।''

''हाँ पिता जी, इसी बहाने मेरा भी गाँव घूमना हो जायेगा, कई वर्ष हो गये, मैं भी गाँव नहीं गयी हूँ।

यह सुनते ही शर्मा जी के हाथ की पकौड़ी छूट गयी, उसने जानकी की ओर देखा... वह भी अवाक् थी जबकि शैलेश नजरें नीची किये हुए नाश्ता करने में व्यस्त था।

•

कालगर्ल

जब से फर्म में उसकी नियुक्ति हुई थी, वहाँ कार्यरत लोगों की बाछें खिल गयी थीं, वह सबके आकर्षण का केन्द्र बिन्दु बन गयी थी। पुरुष सहकर्मियों की गिद्ध-दृष्टि उस पर ऐसें पड़ती थी कि मानो वे युग-युगान्तर से भूखे हों। महिला सहकर्मियों में उसके सौन्दर्य के प्रति ईर्ष्या उत्पन्न हो गयी थी। वह भी सहकर्मियों के अपने प्रति व्यवहार से अनजान नहीं थी, किन्तु वह केवल अपने कार्य से मतलब रखती थी, किसी से न तो अनावश्यक गपशप करती थी और न ही किसी को कुछ कहने-सुनने का कोई मौका देती थी, जितना कार्य उसे सौंपा जाता, उसे पूर्ण निष्ठा, लगन एवं ईमानदारी से पूर्ण कर देती। धीरे-धीरे उसके कार्य एवं आचरण की हर कोई चर्चा करने लगा, किन्तु कार्य एवं आचरण से भी अधिक चर्चा उसके सौन्दर्य को लेकर थी। पुरुष सहकर्मी तो भूखे भेड़िये की तरह उसके शरीर का उपभोग करने के लिए उतावले थे, उनकी हार्दिक इच्छा थी कि वे एक भौंरे की तरह सौन्दर्यरूपी उस सुगन्धित पुष्प का मकरन्द-पान कर सकें, किन्तु उसके साहस एवं दृढ़ संकल्प के कारण किसी की दाल न गलती।

अचानक एक दिन फर्म के मैनेजर प्रद्युम्न सिंह की निगाह उस पर पड़ी। वह सौन्दर्य की उस साक्षात् प्रतिमा को देखकर ठगा-सा रह गया।

''हिमाच्छादित पर्वत शिखर पर प्रातःकालीन दिनकर की स्वर्णिम आभा-सी दीप्तिमान् देह... बोलती हुई नीलकमल-सी आँखें... रक्ताभ अधर... गोल उन्नत ललाट... कमर तक काले लम्बे गूँथे हुए केश मानो रजनी ने अमावस को ही केश में पिरोकर रख दिया हो। शालीन वस्त्रों में ढकी लिपटी रूप, लावण्य एवं सौन्दर्य की आकर्षक प्रतिमा... शालिनी।''

जबसे उसने शालिनी को देखा था, उसका दिन का चैन और रात की नींद हराम हो गयी थी। वह उसको पाने के लिए कई तरह का तिकड़म करने लगा। अचानक एक दिन उसने अपने केबिन के बाहर बैठे अनुचर को बुलाया—''राजू, जरा शालिनी मैडम को बुलाना, कुछ डिक्टेशन देना है।''

''जी, सर!''

उसने शालिनी को मैनेजर का आदेश बताया। यह सुनकर शालिनी मैनेजर के केबिन में गयी।

"यस, सर!"

"आइये, बैठिये,"

"थैंक्यू सर, आदेश करें, सर,"

"जरा एक डिक्टेशन देना है,"

ठीक है सर, मैं कम्प्यूटर में अच्छी तरह काम कर लेती हूँ, किन्तु शार्टहैण्ड नहीं आती है।"

"कोई बात नहीं, आप बैठ जाइये, मैं आराम से डिक्टेशन देता हूँ, आप उसे नोट करती जाइयेगा।"

शालिनी सामने पड़ी कुर्सी पर बैठ गयी, प्रद्युम्न सिंह डिक्टेशन देने लगे, प्रद्युम्न सिंह को एक मधुप की तरह सौन्दर्य रस-पान का अवसर प्राप्त हुआ था, शालिनी को ऐसा लगा कि मैनेजर का ध्यान डिक्टेशन देने से कहीं अधिक उस पर है। उसे केबिन में बैठना बिलकुल अच्छा नहीं लग रहा था, किन्तु वह चाहकर भी कुछ बोल न सकी।

घर लौटकर उसने अपनी बूढ़ी माँ से कहा–

"माँ, मैं अब उस फर्म में नौकरी नहीं करूँगी।"

"क्यों?" आश्चर्यचकित होकर माँ ने शालिनी को देखा।

"बस यूँ ही।"

"बताओ तो सही, क्या बात है?" माँ ने उसके सिर पर हाथ फेरा।

"मुझे फर्म के लोग गिद्ध-दृष्टि से देखते हैं, जैसे कभी किसी सुन्दर स्त्री को देखा ही न हो।"

"तो यह तो तुम्हारे सौन्दर्य का सम्मान है, इसमें बुरा क्या है?"

"माँ, तुम इसे सौन्दर्य का सम्मान कहती हो?" उसने आश्चर्य से माँ की ओर देखा।

"और तुम क्या समझती हो।"

"मेरी दृष्टि में यह सौन्दर्य का बहुत बड़ा अपमान है, जहाँ लोगों की नजरों में वहशियानापन झलके, वहाँ काम करने से क्या फायदा?"

"तो क्या करोगी, यदि इस फर्म को छोड़ोगी तो दूसरी नौकरी जाने कब मिले या न मिले उसका क्या भरोसा?"

शालिनी के माथे पर चिन्ता की लकीरें साफ दिखायी दे रही थीं, वह जानती थी कि उसे बूढ़ी माँ की देखभाल करनी है। बड़ी मुश्किल से उसे इस फर्म में नौकरी मिल सकी थी।

अब अक्सर मैनेजर प्रद्युम्न उसे अपने केबिन में बुलाकर काम दे दिया करते थे। वह भी मन मारकर उस काम को अनमने भाव से करती रहती थी। अचानक एक

दिन—“शालिनी, आज यह फाइल अप-टू-डेट करके फर्म के मालिक रघुबर दयाल को देनी है।”

“लेकिन सर, इसमें तो बहुत समय लगेगा।”

“लगभग कितना समय लग जायेगा।”

“रात के लगभग नौ बज जायेंगे।”

“लेकिन फाइल तो आज ही देनी है, आप यह फाइल पूरी कर दें, मैं खुद ही कार से आपको घर पहुँचा दूँगा।”

“सर, मेरा अनुरोध है कि घर में बीमार बूढ़ी माँ हैं, जिनकी देखभाल मुझे ही करनी पड़ती है। अतः यह काम किसी दूसरे कर्मी को दे दें।

“ठीक है, आज तो मैं यह काम किसी दूसरे को दे रहा हूँ, किन्तु मैडम यह ध्यान रखें, यह प्राइवेट फर्म है कोई सरकारी दफ्तर नहीं है, यदि इस फर्म में काम करना है, तो मेरे आदेश-निर्देशों का पालन करना पड़ेगा।” प्रद्युम्न सिंह का स्वर तीखा हो गया था।

वह सिर झुकाकर केबिन से बाहर निकल आयी। दो दिन बाद फिर प्रद्युम्न सिंह ने ऐसा काम दिया, जिसे रात के लगभग दस बजे से पहले पूरा करना सम्भव नहीं था। वह मन मसोसकर उस काम को पूर्ण करके मैनेजर के पास फाइल फालोवर राजू के माध्यम से भेज दी और घर लौट आयी। जब माँ ने उसकी देरी का कारण पूछा तो उसने बताया कि काम ही कुछ ज्यादा आ गया था, जिसकी वजह से देर हो गयी।

अब अक्सर उसे घर लौटने में देर होने लगी, लेकिन उसके साथ अन्य सहकर्मी रहते थे, तो उसे कोई भय नहीं लगता था। अचानक उस दिन प्रद्युम्न ने शालिनी को सायं छह बजे बुलाकर कहा—“शालिनी आज इस फाइल की सूचनाएँ, मेरे केबिन के ही कम्प्यूटर में फीड कर दो।”

“सर मैं अपने कम्प्यूटर में फीड करके पैन ड्राइव से इसमें डाल दूँगी।”

“नहीं, आप हमारी विशेष सहयोगी हैं, इसे मेरे ही केबिनवाले कम्प्यूटर में फीड कर दो।”

“ठीक है सर!”

“मुझे कुछ जरूरी काम है, थोड़ी देर में आता हूँ, आप काम करें।”

“शालिनी एकाग्रचित्त होकर फाइल अप-टू-डेट करने लगी, उसे समय का ध्यान ही न रहा, उसके सभी सहकर्मी जा चुके थे। अचानक मैनेजर प्रद्युम्न सिंह नशे में झूमता हुआ आया और केबिन का दरवाजा अन्दर से बन्द कर लिया, जब शालिनी की निगाह मैनेजर पर पड़ी तो वह अन्दर तक काँप गयी।

“आओ जाने मन... तुमने मुझे कितना तड़पाया...।”

शालिनी तुरन्त कुर्सी से उठ खड़ी हुई।

"अरे!... सर! आप होश में नहीं हैं...।"

उसका शरीर थर-थर-थर-थर काँप रहा था।

"हाँ, मैं होश में नहीं हूँ, आज मैं तुमको अपनी बाँहों में लेकर बेहोश हो जाना चाहता हूँ।"

"अरे!... यह सब आपको शोभा नहीं देता।"

"अब यहाँ कोई नहीं है, किसी को कानोकान खबर नहीं होगी।"

"नहीं, ऐसा सम्भव नहीं है।" शालिनी चीखीं।

"मेरे लिये कुछ भी असम्भव नहीं तुम मेरी बात मान जाओ, मैं तुम्हें मालामाल कर दूँगा।" प्रद्युम्न की आँखें वासना के कारण एकदम लाल थीं।

"मैं कोई कालगर्ल नहीं हूँ, मैं कोई सौदा नहीं कर सकती। प्लीज, मुझे छोड़ दीजिये।"

"तुम जो भी हो, अब मैं तुम्हें छोड़ नहीं सकता।" यह कहकर प्रद्युम्न शालिनी की ओर लपका लेकिन शालिनी केबिन की मेज पर चढ़ गयी, प्रद्युम्न ने पैर पकड़कर उसे घसीट लिया, वह जमीन पर गिर पड़ी। मैनेजर ने उसे दबोच लिया। इस पर शालिनी ने उसके कपड़े फाड़ दिये तथा उसके हाथ पर अपने दाँत गड़ा दिये, जिससे प्रद्युम्न की पकड़ ढीली हो गयी और वह दर्द से कराह उठा, वह दरवाजे की ओर भागी तभी प्रद्युम्न ने मेज पर रखा हुआ पेपरवेट खींचकर मार दिया। शालिनी को सब-कुछ घूमता हुआ-सा लगा, फिर उसे कुछ होश ही न रहा।

सुबह पाँच बजे के आस-पास जब उसे होश आया तो देखा कि फर्श पर बहुत-सारा खून बिखरा हुआ है, उसके खून से सने कपड़े पड़े हैं, वहीं प्रद्युम्न के कपड़ों के भी कुछ टुकड़े पड़े थे, जो आपसी हाथापाई में फट गये थे, शरीर का अंग-अंग दर्द कर रहा था। उसकी दुनिया आज वीरान हो गयी थी, वहशी समाज ने सौन्दर्य की उस प्रतिमा को कलंकित कर दिया था, वह कराहती हुई उठी और रोती-कलपती हुई माँ के पास पहुँचकर उनसे लिपट गयी। उसकी हालत देखकर माँ काँप गयी।

"क्या हुआ बेटी?"

शालिनी के आँसू थम नहीं रहे थे। उसकी आवाज नहीं निकल रही थी, माँ ने उसे पानी पिलाया, तब फिर वह माँ से लिपट गयी।

"माँ, जिसका डर था, वही सब हो गया।"

यह सुनकर माँ की आँखे अंगारे की भाँति लाल हो गयीं।

"बताओ... किसकी यह हिम्मत हुई? मैं तुम्हारे फर्म के मालिक और मैनेजर से शिकायत करती हूँ।"

"माँ, मैनेजर ने ही मेरा सब-कुछ लूट लिया।"

"क्या...!" माँ को विश्वास ही नहीं हो रहा था।

"मैं पहले ही कह रही थी कि वह भूखा भेड़िया है, उसी दरिन्दे ने ही यह सब-कुछ किया है।"

"अब उस फर्म में काम न करो और मैनेजर के खिलाफ पुलिस में रिपोर्ट लिखाओ।"

शालिनी कुछ सोचते हुए बोली—"माँ, अब क्या फायदा? सब-कुछ खत्म हो गया।"

यह कहकर वह फिर माँ से लिपट गयी।

उसके बाद वह एक सप्ताह तक आफिस नहीं गयी। फर्म से एक दिन विशेष वाहक के रूप में एक कर्मचारी डाक लेकर घर आया, उसने कॉलबेल बजायी।

"मैडम, आपके नाम फर्म के मैनेजर ने यह पत्र भेजा है।"

"ठीक है।" उसने पत्र ले लिया।

उसने पत्र को खोला जिसमें लिखा था कि आप पिछले एक सप्ताह से बिना किसी अवकाश के ऑफिस से गैर हाजिर चल रहीं हैं, जो कि अनुशासनहीनता की परिधि में आता है, यदि आप पत्र पाने के तीन दिवस के अन्दर ऑफिस नहीं आती हैं, तो आपकी सेवाएँ समाप्त कर दी जायेंगी। पत्र में प्रद्युम्न सिंह के हस्ताक्षर थे।

पत्र पढ़कर वह सोच में पड़ गयी। उसे चिन्तित देखकर माँ ने पत्र लिया उसे पढ़ा उसने शालिनी से कहा—"बेटी, तुझे अब उस फर्म में काम करने की कोई आवश्यकता नहीं है, किसी दूसरी जगह प्रयास करो।"

"नहीं माँ, अब मुझे उसी फर्म में काम करना है।" शालिनी ने कहा।

"इतना सब-कुछ हो जाने के बावजूद भी!"

"हाँ, इतना सब-कुछ हो जाने के बावजूद भी मैं अब उसी फर्म में काम करूँगी।"

"नहीं बेटी, अब वहाँ मत जाओ...।"

"माँ, अब आप मुझे मत रोकिये।" माँ की बात काटते हुए शालिनी ने कहा।

"ठीक है, जैसी तुम्हारी मर्जी।" माँ बचपन से ही शालिनी की जिद एवं संकल्प शक्ति से परिचित थी।

अगले ही दिन वह ऑफिस पहुँची, उनके सहकर्मियों ने अचानक उसके न आने का राज पूछा। उसने वायरल फीवर का बहाना बताकर टाल दिया। जब प्रद्युम्न सिंह ने उसे देखा तो उसे बड़ी खुशी हुई कि नौकरी छूटने के डर से शालिनी फिर लौट आयी।

सायंकाल छह बजे प्रद्युम्न अपनी फाइलों में व्यस्त था और उनके केबिन में कोई नहीं था, शालिनी निःसंकोच उनके केबिन में चली गयी और सामने पड़ी कुर्सी पर बैठ गयी।

"आइये, शालिनी जी आइये। कैसी हैं आप?" प्रद्युम्न के चेहरे पर कुटिल मुस्कराहट तैर रही थी।

"जी सर, मैं बिलकुल ठीक हूँ।" शान्त भाव से शालिनी ने कहा।

"मैं पहले ही कह रहा था, आप अगर मेरा अनुरोध मान लेतीं तो यह नौबत ही न आती।" विजयी मुद्रा में प्रद्युम्न बोला।

"खैर, जो आपने किया, उसके बारे में मैं क्या कहूँ, मेरा तो सब-कुछ लुट गया। लेकिन उस दिन आपने मुझे एक वचन दिया था।

"क्या?"

"हम तुम्हें मालामाल कर देंगे, उस वचन की याद दिलाने आयी हूँ।"

"अच्छा, बिलकुल सही... मैं आपकी हरेक इच्छा पूर्ण करूँगा। बताइये क्या चाहती हैं?"

"पूरे एक लाख रुपये।"

"क्या?" प्रद्युम्न हड़बड़ा-सा गया।

"जी हाँ... सर, पूरे एक लाख रुपये...।"

"इतनी बड़ी धनराशि.... यह तो देना सम्भव नहीं है।"

"क्यों, आप फर्म के मैनेजर हैं, आपके लिए कुछ भी असम्भव नहीं है।"

"ऐसा करके मैं फर्म के मालिक रघुबर दयाल के साथ विश्वासघात करूँगा, आज तक मैंने ऐसा नहीं किया।"

प्रद्युम्न की आवाज में कँपकँपाहट थी।

"अच्छा, आपने जो मेरे साथ विश्वासघात किया है उसका क्या?" शालिनी के चेहरे पर दृढ़ता थी।

"अच्छा, यह बात है, यदि मैं आपकी इस इच्छा को न पूर्ण करूँ तो?" प्रद्युम्न रहस्यमयी मुस्कान के साथ बोला।

"यानी एक के बाद दूसरा विश्वासघात... सर, आप तो बिलकुल घटिया किस्म के आदमी निकले।"

"नहीं, ऐसा नहीं है, लेकिन आपकी माँग बहुत ज्यादा है।"

"यह मेरी माँग नहीं आपका प्रॉमिस है कि आप हमारी हरेक इच्छा की पूर्ति करेंगे, यदि आप न करें तो मैं यहाँ से जा रही हूँ, लेकिन आपका पद खतरे में है।"

"ऐसा क्या करोगी?" घबराहट एवं उत्सुकता-भरे स्वर में प्रद्युम्न बोला।

"मैं उस दिन के फटे एवं रक्तरंजित कपड़े जिसमें आपके कपड़ों के भी टुकड़े सम्मिलित हैं, उन्हें लेकर फर्म के मालिक रघुबर दयाल के पास जाऊँगी तथा पुलिस थाने पर भी एफ.आई.आर. दर्ज कराऊँगी, जिसमें आपको सजा मिलने से कोई रोक नहीं सकता।" शालिनी के चेहरे पर दृढ़ता थी।

"अरे शालिनी! ऐसा मत करना... मैं बरबाद हो जाऊँगा।" प्रद्युम्न शालिनी के पैर पकड़ने को लपका।

“सर, आपको मेरा पैर पकड़ना शोभा नहीं देता, उस दिन मैं भी दया की भीख माँग रही थी, लेकिन आपने मेरी एक न सुनी थी, आज मैं भी आपकी कुछ नहीं सुनूँगी।”

“ठीक है, कल मैं एक लाख रुपये इसी समय दे दूँगा।” प्रद्युम्न पसीने से तर-बतर था।

“अब आया ऊँट पहाड़ के नीचे। लेकिन यह ध्यान रखना कि एक लाख रुपये हार्ड कैश चाहिए, किसी तरह की चालबाजी या धोखाधड़ी करने की कोशिश न करना अन्यथा आप ही अंजाम भुगतेंगे।”

अगले दिन शाम को प्रद्युम्न ने अपने केबिन में शालिनी को बुलाया और एक ब्रीफकेस थमा दिया।

“शालिनी, आपकी इच्छा के मुताबिक इसमें पूरे एक लाख रुपये हैं।”

“थैंक्यू सर, मैं चाहती हूँ आपका ड्राइवर मुझे आवास तक छोड़ दे, क्योंकि इतनी बड़ी रकम अकेले लेकर जाना खतरे से खाली नहीं है।”

“ठीक है”, यह कहकर प्रद्युम्न ने कॉलबेल बजाकर फालोवर को बुलाकर कहा–

“राजू! ड्राइवर से कह दो कि वह शालिनी को मेरी कार से घर छोड़ दे।”

“यस सर, आइये मैडम।”

शालिनी प्रद्युम्न सिंह की कार से घर पहुँच गयी।

अब शालिनी निर्भीक होकर ऑफिस आने-जाने लगी। कुछ दिनों तक प्रद्युम्न शान्त रहा। एक दिन उसने फिर शालिनी को अपने केबिन में बुलाया, “शालिनी जी! मेरी हार्दिक इच्छा है कि आप आज की रात मेरे साथ गुजारें।”

शालिनी मौन रही।

“उस दिन तो मुझसे अपराध हो गया था, लेकिन आज मैं पहले आपकी सहमति चाहता हूँ।” प्रद्युम्न की आँखों में वासना के लाल डोरे तैर रहे थे।

शालिनी कुछ सोचने लगी।

“आप क्या सोच रही हैं?”

“ठीक है, लेकिन मेरी भी एक शर्त है।”

“क्या?” प्रद्युम्न चौंका।

“पूरे पचास हजार रुपये नकद चाहिए वह भी एडवान्स में। साथ ही शहर के सबसे अच्छे होटल में कमरा बुक करायें, तो मैं कल रात्रि आपकी इस इच्छा की पूर्ति कर सकती हूँ।”

“अरे, आप यह क्या कह रही हैं, उस दिन मैंने पूरे एक लाख रुपये दिये थे, वह भी नकद।” प्रद्युम्न हड़बड़ा गया।

''घबराइये नहीं मैनेजर साहब, आपके लिए कुछ भी असम्भव नहीं है, फर्म के मालिक रघुबर दयाल आप पर पूरा विश्वास करते हैं। फिर आपको अपनी जेब से तो कुछ भी नहीं देना है।''

''लेकिन ऐसा करके मैं अपने मालिक रघुबर दयाल जी का विश्वास तोड़ूँगा।''

''आप और विश्वास...!'' कहते हुए शालिनी ने ठहाका लगाया।

''क्यों? मुझसे कौन-सा विश्वासघात हुआ है?''

''अच्छा, क्या आप इतनी जल्दी भूल गये क्या?... इसी केबिन में आपने एक अबला की इज्जत लूटी थी, जिसने आपको हमेशा गार्जियन की तरह सम्मान दिया था।''

प्रद्युम्न का चेहरा निस्तेज पड़ गया था। थोड़ी देर सोचते हुए प्रद्युम्न ने फिर अपनी फरमाइश रख दी।

''लेकिन, अब हमारा और आपका सम्बन्ध बदल गया है।'' अनुरोध-भरे स्वर में प्रद्युम्न बोला।

''ठीक है, आप मेरी इच्छा पूर्ण करें और मैं आपकी।'' शालिनी निर्भीकता से बोली।

प्रद्युम्न ने कैश बॉक्स से नकद पचास हजार रुपये निकाले और शालिनी को दिया, इधर शालिनी नोट गिनने लगी, तब तक प्रद्युम्न ने शहर के प्रख्यात होटल वरुण में अगले दिन के लिए डबल बेड का कमरा बुक करा दिया।

अगले दिन रात के नौ बजे जब ऑफिस के सभी कर्मी जा चुके थे, प्रद्युम्न और शालिनी वरुण होटल में गये, प्रद्युम्न ने होटल आगन्तुक रजिस्टर में अपना ही नाम लिखा, किन्तु शालिनी ने अपना नाम मालती लिखवाया। जब प्रद्युम्न ने शालिनी पर प्रश्नवाचक दृष्टि डाली।

''ठीक है, अन्दर चलिये सब-कुछ बता दूँगी।''

होटल में अन्दर पहुँचकर शालिनी ने कहा—''यदि मेरे घर में माँ या रिश्तेदारों को यह सब पता चलेगा, तो मेरे लिये समाज में जीना बहुत मुश्किल हो जायेगा।''

''ठीक है। कोई बात नहीं, अच्छा यह बताओ डिनर में क्या चलेगा।''

''जैसी आपकी इच्छा।''

''आपको नानवेज से कोई परहेज तो नहीं।''

''नहीं, ऐसी कोई बात नहीं।''

''मेरी तो हार्दिक इच्छा है कि आप मेरे साथ ह्विस्की भी लें।''

''नहीं, मैं किसी तरह की कोई नशीली वस्तु नहीं लेती हूँ।''

''लेकिन ऐसे मौकों पर नशा आनन्द को और अधिक बढ़ा देता है।''

''मुझे किसी तरह का कोई नशा नहीं करना है, आप जो भी लेना चाहें, ले सकते हैं।''

प्रद्युम्न और शालिनी ने भरपूर डिनर लिया। प्रद्युम्न डिनर के बाद ह्विस्की का पैग लेने लगा, जैसे-जैसे प्रद्युम्न का नशा बढ़ने लगा वैसे-वैसे उसकी आँखे भी लाल होने लगीं। शालिनी भी उसकी मन्शा को समझकर अपने शरीर से एक-एक वस्त्र उतारने लगी और अपनी कातिल अदाओं से उसकी वासना को भड़काने लगी। दोनों ही के शरीर अंगारे की भाँति दहक रहे थे। धीरे-धीरे दोनों वासना के सागर में गोते लगाने लगे। सम्पूर्ण रात्रि यह खेल चलता रहा।

सुबह पाँच बजे शालिनी ने प्रद्युम्न को जगाया, "सुबह हो गयी है, हम लोगों को जल्दी यहाँ से निकलना पड़ेगा, नहीं तो बड़ी बदनामी होगी।"

"ठीक है! हड़बड़ाते हुए प्रद्युम्न उठा और अपने कपड़े पहनने लगा। प्रद्युम्न होटल बिल का भुगतान कर घर लौट आया, उस दिन शालिनी ऑफिस नहीं गयी थी। अब अक्सर प्रद्युम्न की इच्छा पर शालिनी उनकी इच्छा की पूर्ति कर देती, लेकिन हर बार वह पूरे पचास हजार रुपये एडवान्स में लेना नहीं भूलती थी। धीरे-धीरे कर्मचारियों में भी इन दोनों के सम्बन्धों की चर्चा होने लगी थी। प्रद्युम्न की ऐयाशी और घोटालों की वजह से फर्म में घाटा होने लगा। जो फर्म एक-दो साल पहले एक अच्छा खासा लाभ कमा रही थी, वह अचानक घाटे में आ गयी थी। इस बात को लेकर फर्म के मालिक रघुबर दयाल भी चिन्तित थे, उन्होंने फर्म के अधिकारियों एवं कर्मचारियों की संयुक्त मीटिंग बुलाने के निर्देश प्रद्युम्न सिंह को दिया था।

दो दिन बाद ही अचानक रघुबर दयाल द्वारा फर्म के अधिकारियों एवं कर्मचारियों का संयुक्त सम्मेलन रखे जाने से प्रद्युम्न सिंह की पेशानी में बल पड़ गये थे, क्योंकि उन्हें तथा उनके अधीनस्थ अधिकारियों को दो दिनों में ही फर्म का लेखा-जोखा प्रस्तुत करना था।

जब प्रद्युम्न सिंह ने इसकी चर्चा शालिनी से की, तो शालिनी ने कहा–"ठीक है, आप फर्म का लेखा-जोखा तैयार करें, उनके स्वागत करने की टीम का इन्चार्ज मुझे बना दें, मैं अपनी महिला सहकर्मियों के साथ उनका स्वागत करूँगी, साथ ही मंच संचालन की जिम्मेदारी भी मुझ पर छोड़ दें।"

"लेकिन हर बार यह जिम्मेदारी असिस्टेण्ट मैनेजर सुभाष जोशी द्वारा की जाती थी।"

"ठीक है, सुभाष जोशी को लेखा-जोखा प्रस्तुत करने की जिम्मेदारी दे दीजिये।"

"ठीक है।" प्रद्युम्न ने शालिनी पर पूर्ण विश्वास जताया।

उस दिन सभी अधिकारी-कर्मचारी फर्म के सभागार में बैठे हुए थे। फर्म का सभागार दूल्हन की तरह सजाया गया था, तभी सभी की दृष्टि मुख्य द्वार की ओर गयी जहाँ से पश्चिमी परिवेश में सजी-सँवरी शालिनी ने सभागार में प्रवेश किया।

'दमकता हुआ मुख-मण्डल... होंठों एवं गालों में विशेष लालिमा...कन्धे तक बिखरी उन्मुक्त केश राशि... कपड़ों में से ही दीखता अर्द्धनग्न शरीर... दिखती हुई नाभि एवं

कमर... योगी, मुनि, सिद्धों के भी ध्यान को भंग करनेवाली शालिनी ने जब सभागार में प्रवेश किया, तो उसे देखकर सभी ने अपने दाँतों तले उँगली दबा ली।

जब फर्म के मालिक रघुबर दयाल ने वहाँ पदार्पण किया, तो सम्पूर्ण सभागार में उपस्थित कर्मियों ने खड़े होकर उनके सम्मान में तालियाँ बजाकर अभिवादन किया, तालियों की गड़गड़ाहट सम्पूर्ण वातावरण में गूँज गयी। रघुबर दयाल ने भी हाथ जोड़कर सभी को बैठने के लिए कहा, और वे भी फर्म के मैनेजर एवं अन्य अधिकारियों के अनुरोध पर कुर्सी पर बैठ गये, प्रद्युम्न सिंह एवं अन्य अधिकारीगण उनकी आवभगत में लग गये।

तब तक शालिनी एवं उनकी महिला सहकर्मियों ने स्टेज पर आकर रघुबर दयाल जी को पुष्पगुच्छ भेंट किया, उन्होंने खड़े होकर उस पुष्पगुच्छ को स्वीकार कर कृतज्ञता ज्ञापित की। रघुबर दयाल शालिनी को देखकर हतप्रभ रह गये, उसके अलौकिक सौन्दर्य को देखकर उनकी आँखें फटी-की-फटी रह गयीं।

जब सम्मेलन प्रारम्भ हुआ, तो असिस्टेण्ट मैनेजर सुभाष जोशी फर्म का लेखा-जोखा प्रस्तुत करने लगे, तो रघुबर दयाल ने उन्हें रोक दिया और उन्हें निर्देशित किया कि कर्मचारियों की समस्याएँ उन्हीं से पूछी जायें और उनसे ही फर्म की जानकारी ली जाये।

इस पर शालिनी सिंह ने ऑफिस के कर्मचारियों, कारखाने के फोरमैन, लेबर सभी को एक-एक करके अपनी समस्या रखने के लिए कहा। कर्मचारियों द्वारा समस्या रखे जाने पर रघुबर दयाल चौंक गये। अधिकांश कारखाने के लेबर ने बताया कि उन्हें विगत दो माह से वेतन नहीं मिला है, जब इस सम्बन्ध में फोरमैन से पूछा गया तो उन्होंने बताया कि विगत छह माह से किसी भी मशीन की मरम्मत नहीं हुई है, जिससे उत्पादन का स्तर एवं गुणवत्ता दोनों प्रभावित हुई हैं, जिससे हमारे माल की माँग भी बाजार में गिरी है। इस सम्बन्ध में फर्म मैनेजर को अनेक बार लिखित रूप से भी अवगत कराया जा चुका है।

उस मीटिंग के दौरान कई बार रघुबर दयाल की निगाह शालिनी सिंह पर गयी, जो मंच संचालन कर रहीं थीं। यद्यपि वह अधेड़ अवस्था के थे, फिर भी उनका मन विचलित हो रहा था। अपने वक्तव्य में रघुबर दयाल ने शीघ्र ही कर्मचारियों की समस्याओं के निराकरण तथा कारखाने के उत्पादन तथा गुणवत्ता बढ़ाने के सम्बन्ध में पन्द्रह दिनों में प्रभावी कदम उठाने के निर्देश दिये, इसके पश्चात् फर्म मैनेजर के केबिन में बैठकर बनाये गये लेखा-जोखा की प्रद्युम्न सिंह एवं उनके सहयोगी अधिकारियों के साथ समीक्षा की तथा प्रस्तुत लेखा-जोखा को पूर्णतया फर्जी करार दिया। उन्होंने प्रद्युम्न सिंह, सुभाष जोशी एवं सहयोगी अधिकारियों की जमकर क्लास ली।

जब केबिन में केवल रघुबर दयाल एवं प्रद्युम्न सिंह शेष बचे तो रघुबर दयाल ने कहा—"प्रद्युम्न जी, इधर आपको क्या हो गया है। लगता है, आप मन लगाकर काम नहीं कर पा रहे हैं।"

"ऐसा नहीं है, सर।"

"फिर ऐसा क्या है कि जो फर्म एक साल तक इतना अच्छा लाभ दे रही थी, एकदम से घाटे में आ गयी।"

प्रद्युम्न मौन रहा, उसने अपनी नजरें नीचे कर लीं। रघुबर दयाल ने बात बदलते हुए कहा–

"अच्छा, बताओ यह लड़की जो कार्यक्रम का संचालन कर रही थी, कहाँ से आयी है?"

"सर, यह हमारी फर्म में ही क्लर्क है, छह माह पहले ही इसे नियुक्त किया गया, बहुत ही योग्य एवं होनहार महिला कर्मी है।"

"अच्छा!" रघुबर दयाल जी चौंक गये।

प्रद्युम्न सिंह रघुबर दयाल की मन्शा समझते हुए राजू से शालिनी सिंह को केबिन में बुलाने का निर्देश दिया। जब शालिनी सिंह केबिन में आयी तो रघुबर दयाल ने सामने की सीट पर बैठने का निर्देश दिया।

"थैंक्यू सर, आदेश करें?"

"आप कब से इस फर्म में काम कर रही हैं?"

"सर, लगभग आठ महीने हुए हैं।"

"आपके परिवार में और कौन-कौन हैं?"

"जी, केवल बूढ़ी माँ हैं।"

"क्यों, आपके पिता जी नहीं हैं?"

"नहीं, जब मैं दस वर्ष की थी, तभी हमारे पिता जी कैन्सर रोग में चल बसे थे, जो भी जमा पूँजी थी, उनके इलाज में ही लग गयी, किसी तरह माँ ने भरण-पोषण कर मुझे इस योग्य बनाया।"

"अरे! आपके साथ बहुत बुरा हादसा हुआ, मैं दस फर्मों का मालिक हूँ, जिसका हिसाब-किताब एक केन्द्रीय समिति करती है। मेरी इच्छा है कि आप उस समिति में कार्य करें।

"जैसी आपकी इच्छा, सर।"

"ठीक है, आप कल से ही वहाँ ज्वाइन कर लें, प्रद्युम्न जी! आप इन्हें कल ऑफिस टाइम में वहाँ लेकर आ जाइयेगा।"

"यस सर, आपके आदेश का पालन होगा।" प्रद्युम्न के चेहरे पर हलकी-सी मुस्कराहट तैर गयी। अगले दिन जब शालिनी वहाँ पर पहुँची तो देखा कि सेठ जी के बँगले के बगल में एक बिल्डिंग बनी हुई है। उस बिल्डिंग में फर्मवार अलग-अलग अनुभाग बने हुए हैं और हर एक फर्म का लेखा-जोखा सम्बन्धित प्रभारी द्वारा रखा जाता था, जो कि उस फर्म के कार्यों का नियन्त्रण एवं पर्यवेक्षण करता था, उस बिल्डिंग में

अनेक कर्मचारी कार्यरत थे, पुरुष कर्मियों के साथ-साथ अनेक महिला कर्मी भी तैनात थीं, जो एक-से-एक सुन्दर थीं।

शालिनी को प्रद्युम्न सिंह के ही फर्म प्रभारी के अधीन नियुक्त करने के आदेश रघुबर दयाल द्वारा दिये जा चुके थे। प्रद्युम्न सिंह शालिनी को वहाँ छोड़कर चला गया।

वहाँ जाकर पता चला कि रघुबर दयाल की पत्नी का लगभग पन्द्रह वर्ष पूर्व निधन हो चुका था, जिससे केवल एक बेटी हुई थी, जिसकी उन्होंने दस वर्ष पूर्व ही बड़े धूम-धाम से शादी कर दी थी तथा अपने दामाद को उसी समय दो फर्मों की विरासत भी लिख दी थी, अब रघुबर दयाल का अधिकांश पैसा समाज-सेवा, गरीब एवं बेसहारा लोगों की सेवा-शुश्रूषा में खर्च होता था, उन्होंने कई गरीब बच्चों के पालन-पोषण एवं उनकी शिक्षा हेतु कई अनाथालय एवं शिक्षा संस्थान भी खोल रखे थे। इसके साथ ही वह अपनी शारीरिक वासना की पूर्ति कार्यालय में कार्यरत सुन्दर महिलाओं के माध्यम से करता था।

तीसरे दिन सायं छह बजे फर्म मालिक रघुबर दयाल का सुरक्षाकर्मी फर्म प्रभारी से आकर मिला और उनसे कुछ बात की। फर्म प्रभारी ने शालिनी को अपने केबिन में बुलाया।

"शालिनी जी, आपको रघुबर दयाल जी ने फर्म की जानकारी प्राप्त करने हेतु अपने आवास पर बुलाया है, आप सुरक्षाकर्मी के साथ वहाँ चली जायें।"

"लेकिन यह समय तो घर जाने का है, यदि मीटिंग कल सुबह रखी जाये, तो ठीक रहेगा।"

"रघुबर दयाल जी ने आपको तत्काल बुलाया है। आप उनके आदेश का पालन करें।"

"यस सर।" यह कहकर शालिनी उक्त सुरक्षा गार्ड के साथ उनके बँगले पर चली गयी।

बँगले पर रघुबर दयाल अपने ड्राइंग-रूम में एक पत्रिका पढ़ रहे थे, जब शालिनी वहाँ पहुँची, तो उन्होंने खड़े होकर उसका स्वागत किया और शालिनी को सामने पड़े सोफे पर बैठने का निर्देश दिया, शालिनी संकोच में पड़ गयी, लेकिन पुनः कहने पर वह सोफे पर बैठ गयी तथा सेवक को चाय-नाश्ता लाने के लिए कहा—"शालिनी जी, आप आठ माह से फर्म में काम कर रही हैं, वहाँ की गतिविधियों से काफी-कुछ वाकिफ हो चुकी होंगी, मैं चाहता हूँ कि आप वहाँ के बारे में कुछ बतायें।"

"सर, सब-कुछ ठीक है।"

"नहीं, वहाँ कुछ भी ठीक नहीं है।"

"हाँ कर्मचारियों में असन्तोष की भावना है, उनकी फर्म मैनेजर प्रद्युम्न सिंह की कार्यशैली के प्रति नाराजगी भी है।"

"अच्छा।"

तब तक चाय-नाश्ता आ गया था, दोनों चाय पीने लगे, इसी बीच रघुबर दयाल ने टॉपिक बदल दिया और शालिनी के व्यक्तिगत जीवन के बारे में पूछने लगे। शालिनी को महसूस हुआ कि रघुबर दयाल जी की नीयत में कुछ खोट है और उनकी आँखों में वासना के लाल-लाल डोरे तैर रहे हैं। वह भयभीत हो गयी, अचानक उठते हुए उसने कहा—"सर, बहुत देर हो गयी है, घर में बूढ़ी बीमार माँ है, जिसको समय पर दवा देना है।"

"जरा रुकिये, मैं आपको अपनी कार से छुड़वा दूँगा।"

"नहीं सर, मैं आटो से चली जाऊँगी।"

"जरा रुकिये..."

उसके कहने पर वह पुनः बैठ गयी।

"मेरी हार्दिक इच्छा है कि आप आज की रात मेरे साथ गुजारें।"

"शालिनी यह सुनकर काँप गयी, किन्तु मौन रही।"

"घबराओ नहीं, उसके लिए आपको बहुत-कुछ दिया जायेगा।"

"सर, लेकिन मैं कोई कालगर्ल नहीं हूँ।"

"कोई बात नहीं, मैं आपका वेतन दो गुना कर दूँगा।"

यह सुनकर शालिनी असमंजस में पड़ गयी।

"ठीक है सर, मैं इस सम्बन्ध में कल आऊँगी और इसी समय बता सकूँगी।"

"ठीक है।" कहकर रघुबर दयाल ने सुरक्षाकर्मी को बुलवाया और उन्हें ड्राइवर से कहकर घर भिजवाने का आदेश दे दिया।

अगले दिन शालिनी उसी समय रघुबर दयाल के बँगले पर गयी और उनके प्रस्ताव को स्वीकार कर लिया। रात-भर दोनों एक-दूसरे के अंगो से खेलते रहे और सुबह होने से पूर्व शालिनी घर लौट आयी।

एक सप्ताह बाद ही उसी सुरक्षाकर्मी द्वारा शालिनी को बुलवाया गया, वह बुलवाने का उद्देश्य समझ गयी थी, उसने अपनी रैक से कुछ कागजात निकाले और सुरक्षाकर्मी के साथ बँगले चली गयी।

"आइये, शालिनी जी, उस दिन का अनुभव कैसा रहा?"

इस पर शालिनी मौन रही, उसने टॉपिक बदलते हुए कहा।

"सर, आप उस दिन फर्म की स्थिति के बारे में जानकारी चाहते थे।"

"हाँ, क्यों क्या बात है?"

"सर, मैंने अत्यधिक परिश्रम करके कुछ ऐसे सबूत जुटाये हैं, जिससे साफ पता चलता है कि प्रद्युम्न सिंह ने आपके साथ कितना बड़ा धोखा किया है?"

"अच्छा...! जरा बतायें तो?" उत्सुकतावश रघुबर दयाल ने पूछा।

इस पर शालिनी ने प्रद्युम्न द्वारा होटल पर पेमेण्ट किये गये बिलों की छायाप्रतियाँ तथा सोते हुए प्रद्युम्न सिंह की नग्न फोटोग्राफ जो कि उसने अपने कैमरे से खींची थी, रघुबर दयाल के सामने प्रस्तुत कर दीं।

इस पर रघुबर दयाल के पैरों तले जमीन खिसक गयी।

"अरे! यह तो बहुत बड़ा दगाबाज निकला।"

"सर, इसने कर्मचारियों का वेतन रोककर तथा मशीनों की मरम्मत न कराकर इनके द्वारा लाभ को जान-बूझकर ज्यादा दिखाया गया है।"

"हाँ, यह बात तो कर्मचारियों ने भी सम्मेलन में कहा था।"

"सर, किन्तु मेरा आपसे एक अनुरोध है कि प्रद्युम्न सिंह को किसी भी कीमत में यह नहीं पता चलना चाहिए कि मैंने यह सूचनाएँ आपको दी हैं अन्यथा मेरा जीवन संकट में पड़ जायेगा।"

"आप बिलकुल चिन्ता न करें, यह जानकारी केवल हम दोनों तक सीमित रहेगी।"

"क्या अब मैं चल सकती हूँ?"

"ठीक है, अभी आप जाइये।" रघुबर दयाल की खुमारी दूर हो गयी थी। अगले दिन सायंकाल ही रघुबर दयाल ने शालिनी को अपने बँगले में बुलवाया।

"शालिनी, मैं प्रद्युम्न सिंह को बर्खास्त कर रहा हूँ और आज ही उसकी बर्खास्तगी का पत्र बन जायेगा।"

"सर!"

"और मैंने यह भी निर्णय लिया है कि उस फर्म की मैनेजर आप रहेंगी, किन्तु शर्त यह है कि आप मेरा विश्वास कभी नहीं तोड़ोगी।"

शालिनी इस पर मौन रही।

"क्या सोच रही हो?"

"ठीक है सर, लेकिन प्रद्युम्न सिंह की बर्खास्तगी का पत्र मैं स्वयं अपने हाथों से उसे देना चाहती हूँ।" सब-कुछ समझते हुए शालिनी ने कहा।

"बिलकुल, आपकी इच्छा का सम्मान होगा।"

यह कहते हुए रघुबर दयाल ने उसे अपनी बाँहों में भर लिया, शालिनी ने भी मस्तक चूमकर रघुबर दयाल के निर्णय पर प्रतिक्रिया दी, इसके पश्चात् सुबह तक दोनों को होश न रहा।

अगले दिन प्रद्युम्न सिंह की बर्खास्तगी तथा फर्म मैनेजर के रूप में अपना नियुक्ति-पत्र लेकर जब वह फर्म पहुँची तो उसने देखा कि फर्म के सभागार को दूल्हन की तरह सजाया गया था। पूछने पर पता चला की आज प्रद्युम्न सिंह का जन्मदिन है। जब वह

सभागार पहुँची तो वहाँ उसने देखा कि सभी अधिकारी-कर्मचारी अपने-अपने मन-मुताबिक उसे गिफ्ट एवं फूल-मालाएँ भेंट कर रहे थे।

शालिनी को स्टेज की तरफ आता देखकर प्रद्युम्न सिंह चहक उठा—"आइये शालिनी जी, यहाँ पर बस आपकी ही कमी अखर रही थी।"

"हाँ, मुझे पता चला कि आज आपका जन्मदिन मनाया जा रहा है, तो मैंने समझा कि मैं भी आपको कुछ गिफ्ट कर दूँ।"

"अरे, आपका यहाँ पर आना ही मेरे लिये सबसे बड़ा गिफ्ट है।"

"नहीं, मैं यहाँ पर खाली हाथ नहीं आयी हूँ। आपके लिए एक विशेष गिफ्ट लायी हूँ।"

यह कहकर उसने बर्खास्तगी का वह पत्र पकड़ा दिया।

"पत्र पढ़कर प्रद्युम्न के होश उड़ गये।

"अरे! यह क्या है?"

"मैं आपके केबिन में हूँ शेष बातें वहीं होंगी।"

यह कहकर वह फर्म मैनेजर के केबिन में जाकर मैनेजर की कुर्सी पर बैठ गयी। पीछे-पीछे प्रद्युम्न सिंह भी बोझिल कदमों से वहाँ पर जा पहुँचा, जब उसने अपनी सीट पर शालिनी को बैठे देखा तो अचानक उसको विश्वास ही न हुआ। वह सामने पड़ी कुर्सी पर बैठने ही वाला था कि...

"मि. प्रद्युम्न! क्या आप सामान्य शिष्टाचार भी भूल गये। बिना अधिकारी की अनुमति के कुर्सी पर बैठने की हिम्मत कर रहे हैं।"

"ऐसा सब-कुछ कैसे हुआ?"

"मुझे क्या पता, यह सब आप फर्म मालिक रघुबर दयाल जी से पूछिये, मैं तो केवल उनके आदेश का पालन कर रही हूँ।"

प्रद्युम्न हतप्रभ होकर खड़ा था।

"शालिनी, आज मेरा जन्मदिन है, सब कर्मचारी क्या सोचेंगे मेरी इज्जत का इस तरह जनाजा न निकालो।"

"हुँह... इज्जत और प्रद्युम्न सिंह... क्या तुम भूल गये, कि तुमने इसी केबिन में एक भोली-भाली लड़की की इज्जत लूटी थी।... अब तुम्हें अपनी इज्जत की फिक्र होने लगी।"

प्रद्युम्न सिर झुकाये निरुत्तर खड़ा था।

"अब आप जा सकते हैं।"

शालिनी ने कालबेल बजायी तथा स्टेनो को प्रद्युम्न सिंह की बर्खास्तगी एवं अपनी नियुक्ति-पत्र को सभागार में पढ़कर सुनाने तथा तीन दिन में प्रद्युम्न सिंह द्वारा

आबण्टित मकान को खाली करने का नोटिस बनाने का आदेश दे दिया। साथ ही कार के ड्राइवर को बुलाने के लिए आदेश दिया। जैसे ही ड्राइवर कमरे में घुसा–

"सुनो, अब आज से मैं फर्म की मैनेजर हूँ, कार की चाबी मुझे दे दीजिये, अब बगैर मेरे आदेश के कार कहीं नहीं जायेगी।"

"यस मैडम!" प्रद्युम्न सिंह को खड़ा देखकर ड्राइवर सब-कुछ समझ गया, उसने कार की चाबी शालिनी को दे दी तथा केबिन से बाहर चला गया।

"मि. प्रद्युम्न सिंह तुमने एक लड़की को कालगर्ल बना दिया, तुम्हारे लिये यह सजा भी बहुत कम है। अब आप जा सकते हैं।"

निराश, हताश प्रद्युम्न बोझिल कदमों से केबिन के बाहर निकला और पैदल ही चल दिया, सभागार में उपस्थित अधिकारी एवं कर्मचारी आश्चर्य से उसे देख रहे थे।

●

हार-जीत

अस्त-व्यस्त कपड़े... उलझे हुए केश... चेहरे पर चढ़ते-उतरते भाव... मस्तिष्क में समुद्री ज्वार की तरह उठते-गिरते विचार... अन्तर्मन में कुछ कर गुजरने की छटपटाहट... एक अजीब-सी बेचैनी। वह लगातार कमरे में चक्कर लगा रही थी। उसकी समझ में नहीं आ रहा था कि आखिर वह क्या करे? बारम्बार वह उस निमन्त्रण कार्ड को उठाती। कार्ड के उभरे हुए शब्दों को दाँत पीसकर पढ़ती... सन्दीप परिणय अंकिता...सन्दीप परिणय अंकिता...। फिर खीझकर कार्ड पटक देती। निराश होकर वह पलँग पर बैठ जाती। अगले ही क्षण फिर कमरे के चक्कर लगाने लगती, क्रोध में बड़बड़ाने लगती और उसकी मुट्ठियाँ भिंच जातीं।

क्रोध, निराशा, हताशा और खीझ की झंझावातों ने उसके मन-मस्तिष्क को विचलित कर दिया था। वह बिस्तर पर निढाल होकर गिर-सी पड़ी। इधर-उधर करवट बदलकर सोने का प्रयास करने लगी, किन्तु नींद उसकी आँखों से कोसों दूर थी। अचानक उसे लगा जैसे धुन्ध की एक परत सारे वातावरण में छा गयी है और आस-पास का सभी-कुछ बड़ा धुँधला अस्पष्ट-सा हो उठा है। उसी धुन्ध में विगत के कुछ चटक रंग उभर आये।

...सम्पूर्ण घर इन्द्रधनुषी रोशनी में नहा रहा था। घर में रिश्तेदार, पड़ोसियों एवं कॉलेज के सहपाठियों का जमावड़ा लगा था। उसके जन्मदिन पर सभी उसे दोहरी बधाई दे रहे थे। एक तो जन्मदिन की, दूसरे एम.एस-सी. में कॉलेज टॉप करने की, जिसका रिजल्ट पिछले सप्ताह ही आया था। खुशी के मारे जमीन पर उसके पैर नहीं पड़ रहे थे।

''साधना, बर्थ-डे केक काटो।'' माँ ने साधना से कहा।

''हाँ माँ, बस थोड़ी देर में काटती हूँ।'' साधना ने उतावली में कहा।

उसकी नजरें भीड़ में से किसी को खोज रही थीं, आँखों में बेसब्री झलक रही थी। तभी दरवाजे पर जाना-पहचाना-सा चेहरा फूलों का गुलदस्ता लिये आता हुआ दिखायी दिया, जिसे देखकर साधना की बाछें खिल गयीं एवं उसके कपोलों की लालिमा, अधरों की अरुणिमा एवं केशों की कालिमा में सहज ही एक विशेष चमक आ गयी थी। अन्तर्मन की खुशी चेहरे पर दीप्तिमान् हो उठी एवं बरबस ही उसका सौन्दर्य मुखरित हो गया था। आगन्तुक का व्यक्तित्व भी कम मनमोहक न था।

...सौम्य, आकर्षक चेहरा... बोलती हुई आँखें... काले सघन बाल... सहज मुस्कान, लगभग छह फीट का इकहरा सन्तुलित सुगठित शरीर... एक चित्ताकर्षक सम्मोहक व्यक्तित्व।

"जन्मदिन मंगलमय हो साधना... और एम.एस-सी. में गोल्ड मेडल हेतु कोटिशः बधाई।" पुष्पगुच्छ देते हुए आगन्तुक ने बधाई दी।

"बहुत-बहुत धन्यवाद, सन्दीप! गोल्ड मेडल में आपका भी तो बहुत बड़ा योगदान है।" साधना ने आभार जताते हुए कहा।

"नहीं, ऐसा नहीं है इसमें तो आपकी लगन एवं परिश्रम की ही सबसे निर्णायक भूमिका है। एक मित्र के नाते मुझसे जो कुछ हो सका, वही किया।" सन्दीप ने कहा।

इसके पश्चात् साधना ने प्रफुल्लित मन से बर्थ-डे केक काटा तथा बड़े उत्साह से सभी को खिलाया। कॉलेज के सहपाठियों ने कविता, चुटकुले एवं गाना गाकर सभी का मनोरंजन किया। साधना ने अपने सभी रिश्तेदारों एवं कॉलेज के सहपाठियों का आपस में परिचय कराया। कार्यक्रम समाप्त होने पर धीरे-धीरे सभी लोग जाने लगे, तभी साधना ने सन्दीप को इशारे से रुकने के लिए कहा। जब सभी लोग जा चुके तब साधना ने सन्दीप का परिचय अपने माता-पिता से कराया। "पापा! यही हमारे मित्र सन्दीप हैं और इन्होंने भी एम.एस-सी. में कॉलेज में सिल्वर मेडल प्राप्त किया है, इन्हीं के सहयोग से मैं कॉलेज में टाप कर सकी हूँ। हम लोगों ने एक साथ स्टूडी नोट्स बनाये थे तथा लाइब्रेरी में साथ-साथ पढ़ाई की थी।

"आपको भी हम सबकी ओर से ढेर-सारी बधाइयाँ एवं आशीर्वाद। भविष्य में भी इसी तरह सफलता आपके कदम चूमें।" साधना के पापा ने कहा।

"जी, यह सब ईश्वर की कृपा एवं आप सबके आशीर्वाद का परिणाम है।" सन्दीप ने आभार जताया।

"हाँ, साधना ने भी कई बार आपके बारे में चर्चा की थी। आपके परिवार में और कौन-कौन हैं?" माँ ने पूछा।

"माँ जी, मेरी मम्मी, पापा जी एवं एक छोटा भाई है। पापा जी, पंजाब नेशनल बैंक में मैनेजर एवं छोटा भाई सलिल अभी इण्टरमीडिएट में है। मेरी मम्मी भी आपकी तरह सारा घर सँभालती हैं।"

"आप लोग दो भाई हैं और यहाँ तो साधना बिलकुल अकेली है।" माँ बोली।

"नहीं, माँ जी आप अकेले कहाँ हैं? हम लोग भी तो आपके अपनों की तरह हैं।" सन्दीप ने मौका देखकर अपनी बात रखी। साधना के माता-पिता सन्दीप से पहली मुलाकात में ही अत्यधिक प्रभावित हुए और काफी देर तक आपस में वार्त्तालाप होता रहा।

सन्दीप के जाने के बाद सभी लोग सोने के लिए कमरों में चले गये, तभी साधना को अपनी मम्मी की आवाज सुनायी दी, वह पापा जी से कह रही थीं,

"क्यों जी, आज की घटना से आपको कुछ समझ में आया है?"

"नहीं तो, क्या बात है?" पापा ने मासूमियत से जवाब दिया। तब तक साधना दबे कदमों से कमरे के दरवाजे की आड़ में कान लगाकर खड़ी हो गयी थी।

"हुँ... ह,.... आपको तो हर समय ऑफिस, क्रिकेट और साहित्य ही सूझता है। कभी साधना के बारे में भी गम्भीरता से सोचा है, लड़की जवान हो गयी है और आप कान में तेल डाले बैठे हुए हैं।" मम्मी तुनककर बोलीं।

"मुझे अपनी जिम्मेदारी का अहसास है, साधना के हाथ पीले करने हैं। लेकिन आज की पार्टी से उसका क्या सम्बन्ध है?"

"लगता है रिटायरमेण्ट के बाद आपकी बुद्धि भी रिटायर हो गयी है।"

"अरे देवी जी, साफ-साफ बताओ, आपकी तो हर बात मुरलीधरन की बाल की तरह स्पिन लेती है।" इसके साथ ही पापा जी का ठहाका सुनायी दिया।

"अरे, आप निरे बुद्धू हैं। आपको तो साहित्य में अच्छी खासी रुचि है। क्या आपने साहित्य में प्रेमी-प्रेमिकाओं के किस्से-कहानियाँ नहीं पढ़ी हैं?"

साधना के दिल की धड़कन रुक-सी गयी थी, वह दबे कदमों से पापा जी-माँ जी के कमरे के दरवाजे पर कान लगाकर चुपचाप खड़ी हो गयी थी।

"पढ़ी क्यों नहीं है? शायद आपका इशारा कहीं सन्दीप की तरफ तो नहीं है।" पापा ने कुछ समझते हुए उत्तर दिया।

"चलो, देर आये दुरुस्त आये। सन्दीप और साधना दोनों की ही आँखों में एक-दूसरे के प्रति जबर्दस्त आकर्षण का भाव था और कार्यक्रम के दौरान दोनों ही एक-दूसरे को नजरें बचाकर देख रहे थे।"

"कमाल है, मैं तो पुस्तकों में प्रेम-प्यार के किस्से पढ़ता रहा हूँ और आपने तो सचमुच की प्रेम कहानी पढ़ ली है। हाँ सन्दीप-साधना की जोड़ी तो वास्तव में लाजवाब रहेगी।"

"चलो, इस जोड़ी पर कम-से-कम आपकी मोहर तो लगी।" यह कहते हुए माँ की हँसी सुनायी दी।

यह सुनकर दरवाजे की आड़ में खड़ी साधना आनन्द से झूम उठी थी, खुशी के मारे उसके शरीर में कम्पन होने लगा था, वह तेजी से दबे पाँव अपने कमरे में आकर बिस्तर पर लेट गयी और तकिया को अपने आगोश में ले लिया था। उसने मन-ही-मन ईश्वर को धन्यवाद दिया कि उसके प्यार को माता-पिता की स्वीकृति मिल गयी थी।

साधना की बर्थ-डे पार्टी के लगभग दस दिन ही बीते होंगे कि उस दिन सायंकाल साधना ने चुपचाप अपनी माँ के पीछे आकर उनकी आँखें बन्द कर लीं।

"अरे!... कौन है?" रजनी ने हड़बड़ाकर पूछा।

"मैं आपकी साधना?" साधना ने हँसते हुए कहा।

''क्या बात है?... बड़ी खुश हो।''

''बहुत बड़ी खुशखबरी है... देखो तो कौन आया है?''

''कैसे देखूँ, आँखें तो तुमने बन्द कर रखी हैं।''

साधना ने आँखें खोलीं तो सामने सन्दीप खड़ा था।

''अरे बेटा... तुम...!'' आश्चर्यचकित हो रजनी बोली।

सन्दीप ने झुककर रजनी के पैर छुए और हाथ में मिठाई का डिब्बा देते हुए प्रसन्नतापूर्वक बोला—

''माँ जी, मेरा बैंक मैनेजर के पद पर चयन हो गया है, कल शाम को ही रिजल्ट आया था।''

'अरे वाह!... बधाई हो बेटा।'' फिर रमेश के कमरे की ओर आवाज लगाते हुए ''अरे सुनते हो जी! देखो तो, सन्दीप का सेलेक्शन हो गया है।''

रजनी खुशी से भाव-विह्वल हो गयी थी। तब तक रमेश भी अपने कमरे से बाहर निकल आये थे। सन्दीप ने उनके पैर छुए, चश्मा उतारकर रमेश ने उन्हें आशीर्वाद देते हुए बधाई दी। फिर रजनी और रमेश दोनों ने ही अपने हाथों से सन्दीप को मिठाई खिलायी।

''शाबास बेटे, आपने अपनी योग्यता से यह मुकाम हासिल किया है, मुझे आप पर गर्व है।'' प्रफुल्लित होकर रमेश ने कहा।

''इस सफलता में ईश्वर की कृपा एवं माता-पिता और आप सबके आशीर्वाद का सबसे बड़ा योगदान है।'' सन्दीप ने कहा।

''इसी तरह आप उन्नति के पथ पर अग्रसर होते रहो, यही हम लोगों की शुभकामना है, यही आशीर्वाद है।'' प्रफुल्लित भाव से रजनी ने कहा।

''ठीक है माँ जी, चलता हूँ कुछ दोस्तों एवं परिचितों को भी यह खुशखबरी देनी है, उन्हें भी मिठाई खिलानी है।'' हँसते हुए सन्दीप ने कहा।

''ठीक है बेटा।'' रजनी ने कहा।

उन दोनों का अभिवादन करके सन्दीप घर से बाहर निकल गया।

उसी दिन शाम को रजनी ने साधना को अपने पास बुलाया और पूछा ''क्यों साधना, मैं सोच रही हूँ कि अपनी बेटी के हाथ पीले कर दूँ, तुम्हारा क्या इरादा है?''

''क्या? किसकी बात कर रही हो।'' साधना एकदम से चौंक गयी।

''हाँ मेरी लाड़ली, मैं तुम्हारी ही बात कर रही हूँ।'' रजनी ने हँसते हुए कहा।

''नहीं माँ, मुझे अभी शादी-वादी नहीं करनी है... अभी कॉम्पटीशन की तैयारी करनी है।'' घबराहट में साधना ने जवाब दिया।

"अच्छा बताओ... सन्दीप के बारे में तुम्हारा क्या खयाल है।" माँ के इस प्रस्ताव पर साधना का चेहरा खिल उठा था, किन्तु अगले ही क्षण लज्जा एवं संकोच ने उसे जड़वत् कर दिया था।

"जल्दी बोलो... हाँ या ना।"

रजनी ने जान-बूझकर उससे अपने मन की बात कहने के लिए प्रेरित किया। यह सुनकर साधना ने कुछ क्षण माँ की आँखों में देखा, फिर अगले ही पल उससे लिपट गयी। उसकी वाणी मूक थी आँखों में खुशी के आँसू थे।

"ठीक है, मैं समझ गयी, अगले ही सप्ताह मैं और तुम्हारे पापा जी तेरी सगाई की बात करने सन्दीप के घर जायेंगे।"

साधना ने माँ की गोद में अपना सिर रख दिया था। वह आँखें मूँदे ही कह उठी, "माँ तुम कितनी अच्छी हो।" "... माँ तुम कितनी अच्छी हो।" और रजनी उसे प्यार से सहला रही थी।

उसके लिए एक सप्ताह का समय काटना बहुत मुश्किल हो गया था। एक-एक पल एक-एक युग की भाँति लग रहा था। मन में खुशी के पटाखे फूट रहे थे, उसकी मन माँगी मुराद पूरी होनेवाली थी। उसने फोन से भी सन्दीप को सब-कुछ बता दिया था।

उस दिन शाम को रजनी और रमेश दोनों ही सन्दीप के घर उसकी जन्म कुण्डली, फोटो व बायोडाटा लेकर गये थे। वह बड़ी बेसब्री से उनके वापस लौटने का इन्तजार कर रही थी। देर रात जब रजनी और रमेश दोनों लौटे तो उनके चेहरे मुरझाये हुए थे, निराशा और थकान की रेखाएँ स्पष्ट दृष्टिगोचर हो रही थीं।

बोझिल कदमों से आकर चुपचाप कमरे में पड़े सोफे पर बैठ गये थे। उसका मन किसी अनहोनी की आशंका से काँप उठा था।

"क्या हुआ मम्मी?" साधना से रहा न गया।

"कुछ नहीं बेटी" यह कहकर रजनी ने अपना सिर पकड़ लिया।

"पापा... आखिर क्या हुआ?" साधना की बेचैनी बढ़ गयी थी, वह सब-कुछ जान लेने को बेताब थी। रमेश शून्य में देखते हुए शान्त रहे। उससे रहा न गया, वह मम्मी के पास पहुँचकर उन्हें झकझोरते हुए बोली—"मम्मी, आखिर क्या हुआ?... आप लोग चुप क्यों हैं?"

"बेटी, हमने उनके सामने तुम्हारे विवाह का प्रस्ताव रखा, तो उन्होंने उसे एक सौदे का रूप दे दिया। उनकी झोली बहुत बड़ी है। हमारे पास इतना सब-कुछ देने को नहीं है।" यह कहते हुए रजनी फफककर रो पड़ी थी।

"उन्होंने क्या कहा, पापा?" घबराहट में उसने पापा से पूछा। साधना के दिल की धड़कन रुक-सी गयी थी।

''बेटी, उन्होंने दहेज में दस लाख रुपये नकद, कार और शहर के सबसे स्टैण्डर्ड होटल से शादी की शर्त रखी है।'' नीची नजरें किये हुए रमेश ने कहा। वह हीन भावना से अत्यधिक ग्रस्त थे।

''नहीं!... वह यह नहीं कह सकते... सन्दीप ने दो बार अपने माता-पिता से मेरा परिचय करवाया था, उन्होंने मुझे बड़ी इज्जत दी थी और मेरी हौसला अफजाई भी की थी।'' उसे मम्मी-पापा की इन बातों पर एक बारगी विश्वास ही नहीं हुआ।

''लेकिन सच यही है साधना! हमने तुम दोनों की दोस्ती और टैलेण्ट की भी बात बतायी थी, किन्तु सब-कुछ व्यर्थ रहा। अगर हमें इस प्रकार के व्यवहार की जरा भी आशंका होती तो उनके दरवाजे पर ही न जाते।'' खिन्न मन से रमेश ने कहा।

कमरे में पूर्ण निस्तब्धता छा गयी थी किन्तु उस शान्त वातावरण में अशान्ति, आक्रोश, दुःख एवं ग्लानि अपनी चरम सीमा पर थी, वह मम्मी-पापा के खिन्न चेहरों को देखकर काँप-सी गयी थी। उसने स्वप्न में भी सन्दीप के माता-पिता द्वारा ऐसे दुर्व्यवहार की अपेक्षा नहीं की थी। इस सम्बन्ध में एक बार उसने सन्दीप से मिलने का निश्चय किया।

अगले दिन वह लक्ष्मण पार्क में सन्दीप का इन्तजार कर रही थी। शाम के पाँच बजने को थे, जबकि सुबह ही टेलीफोन पर शाम को चार बजे मिलने का समय निश्चित हुआ था, उसका मन-मन्दिर आशंका, आक्रोश एवं ग्लानि के सागर में डूब-उतरा रहा था, तभी सन्दीप को आते देखकर उसका चेहरा खिल उठा।

''अरे!... बड़ी देर कर दी, मैं तो तीन बजे से आपका इन्तजार कर रही थी।''

''हाँ साधना, एक विवाह का प्रस्ताव आया था, आज एक लड़की देखनी थी, उसी कार्यक्रम में इतनी देर हो गयी।''

क्या!... लड़की देखनी थी?'' साधना एकदम से चौंक गयी।

''हाँ, दिल्ली से एक पार्टी आयी थी।''

''कल हमारे भी मम्मी-पापा आपके घर इसी सिलसिले में गये थे, कुछ पता है... उनके साथ क्या हुआ?'' साधना ने आक्रोश भरे स्वर में कहा।

''हाँ साधना, कल मैं घर पर नहीं था, आज सुबह पापा जी ने हमें बताया था।''

''हमारे पापा-मम्मी तो हम दोनों के लिए विवाह का प्रस्ताव लेकर गये थे, वहाँ पर उनका अपमान किया गया, ऐसा लगा कि आपका विवाह नहीं एक सौदा हो रहा है। विवाह की कई शर्तें थीं, अच्छी खासी दहेज की माँग रख दी गयी थी।''

''हाँ पता है।'' सन्दीप ने निश्चिन्त होकर कहा।

''पता है?... उसके बावजूद आपने विरोध नहीं किया।'' साधना का मुँह आश्चर्य से खुला रह गया।

''क्या कहूँ साधना! आज सारी रात मैं इसी उधेड़बुन में रहा। एक पल भी नींद नहीं आ सकी। प्यार, कर्त्तव्य एवं यथार्थ का अन्तर्द्वन्द्व मेरे मन-मानस को बुरी तरह मथता

रहा है, किन्तु मेरा मानना है कि माता-पिता ने हमें पाला-पोसा है, उनके आशीर्वाद से हम यहाँ तक पहुँचे हैं। उनके निर्णय का विरोध हम कैसे कर सकते हैं?'' सन्दीप ने असमर्थता जतायी।

''लेकिन हमारी-तुम्हारी दोस्ती और प्यार का क्या होगा? जब प्यार साकार होने का समय आया, तब बिलकुल हाथ-पर-हाथ रखकर बैठ गये।''

''साधना, समझने का प्रयास करो... दोस्ती और प्यार अपनी जगह है... किन्तु, यह आवश्यक नहीं कि प्यार विवाह का ही रूप ले। सभी निर्णय दिल की आवाज पर नहीं लिये जा सकते।''

''क्या...!'' साधना चौंक-सी गयी। उसे सन्दीप से ऐसे उत्तर की कोई आशा नहीं थी। कुछ सँभलते हुए उसने कहा।

''तो क्या... आपका मुझसे दोस्ती... प्यार और विवाह की बात सब-कुछ धोखा था, छलावा था, आपने ही तो प्यार और विवाह के सब्जबाग दिखाये थे, मैंने तो पहल नहीं की थी।''

''सॉरी साधना, भावना के आवेश में मैं जरूर विवाह का वायदा कर बैठा था, लेकिन आपको भी पता है कि कोई भी स्थायी सम्बन्ध समान स्टेटस के लोगों से ही होता है।''

''स्टेटस... बस आगे कुछ भी कहने की कोई आवश्यकता नहीं... मैं सब-कुछ समझ गयी... लेकिन आपको पहले ही सब बता देना चाहिए था, जिससे मेरे पापा-मम्मी का अपमान तो न हुआ होता।'' तीखे स्वर में साधना ने कहा। सन्दीप चुप रहा। थोड़ा ठहरकर साधना फिर तीखे स्वर में बोली...

''किन्तु आपको किसी की भावनाओं से खेलने का कोई अधिकार नहीं था। यदि मुझे पहले ही पता होता कि सन्दीप बिकाऊ है, तो मैं पहले से ही आपके रास्ते से हट गयी होती।''

''सॉरी साधना... किन्तु हमारी-आपकी दोस्ती तो हमेशा बरकरार रहेगी।''

''हाँ... बिलकुल बरकरार रहेगी... मैं आजीवन तुम्हारी रखैल बनकर रहूँगी।'' यह कहकर साधना मुट्ठियाँ भींचे हुए दाँत पीसते हुए पार्क से चल दी।

तभी सुबह छह बजे का अलार्म बजा, वह एकदम चौंक गयी, सारी रात यादों में ही गुजर गयी थी, उसकी मुट्ठियाँ अभी भी भिंची थीं... उसे अपनी त्रस्त आत्मा, खिन्न मन और शिथिल शरीर का अहसास हुआ। उसके बगल में पड़ा हुआ निमन्त्रण कार्ड उसकी गरीबी, विवशता एवं कोमल भावनाओं का उपहास उड़ा रहा था। सन्दीप ने अपने विवाह का निमन्त्रण कार्ड भेजकर जले पर नमक छिड़कने का कार्य किया था। वह मन-ही-मन सोच रही थी, क्या वह इतनी अशक्त है? माता-पिता के हुए अपमान की अग्नि भी रह-रहकर उसे झुलसा रही थी।

धीरे-धीरे इस घटना के लगभग एक माह व्यतीत हो गया था। वह अभी भी उस भावनात्मक त्रासदी से पूरी तरह उबर नहीं सकी थी। अचानक वह चौंक गयी... उसकी निगाह दीवाल पर लगे कैलेण्डर पर अटक गयी... ग्यारह फरवरी... क्या आज ग्यारह फरवरी है?... आज तो सन्दीप का जन्मदिन है। उसके बँगले में तो आज बड़ी धूमधाम होगी।... विवाह के बाद पहला जन्मदिन... मन-ही-मन उसने निश्चय किया।

वास्तव में बँगले में बड़ी धूमधाम थी, भव्य पार्टी का आयोजन किया गया था। रिश्तेदारों एवं दोस्तों की चहल-पहल थी, सभी उसे जन्मदिन की बधाइयाँ दे रहे थे।

"जन्मदिन मुबारक हो, सन्दीप।" पुष्पगुच्छ देते हुए साधना ने कहा।

"अरे... आप... आप.... यहाँ... इस समय?" भय एवं आश्चर्य से साधना की ओर देखते हुए सन्दीप ने कहा।

"हाँ... हाँ... मैं आपकी प्रेमिका साधना... लगता है, व्यस्तता के कारण आप मुझे बुलाना ही भूल गये।"... मुस्कराते हुए साधना ने कहा।

सभी रिश्तेदारों एवं मित्रों की निगाहें साधना पर टिक-सी गयीं, सभी आश्चर्य से उसे देखने लगे।

"यह क्या मजाक है?" सन्दीप ने कहा।

"कमाल है... एक तो आपने बुलाया नहीं... दूसरे जन्मदिन की बधाई देने पर नाराज हो रहे हैं। फिर एकाएक अंकिता की ओर मुखातिब होते हुए उसने कहा–

"बधाई हो भाभी जी... आपने जीवन साथी का सेलेक्शन बहुत अच्छा किया है।"

अंकिता ने संशय-भरी नजरों से उसे देखते हुए पूछा...

"...आप?"

"मेरा नाम साधना है। मैं सन्दीप की दोस्त, सहपाठी और बहुत-कुछ थी... और हूँ। व्यस्तता के कारण आप दोनों के विवाह में नहीं आ सकी थी।"

अंकिता विस्फारित नेत्रों से उसे देखती ही रह गयी।

"साधना... ! यह क्या कर रही हो।" काँपते स्वर में सन्दीप बोला।

"कुछ नहीं सन्दीप! बस मैं तो आप दोनों को बधाई देने ही आयी थी। अच्छा मैं चलती हूँ... बॉय सन्दीप।"

यह कहकर वह पार्टी हॉल के बाहर चल दी, बीच-बीच में मुड़-मुड़कर सन्दीप की ओर देखते हुए हाथ हिलाकर मुस्करा रही थी।

पार्टी में उपस्थित सभी लोग विस्फारित नेत्रों से सन्दीप और साधना को देख रहे थे, जब कि अंकिता की प्रश्नसूचक नजरें सन्दीप पर टिकी थीं और सन्दीप हवा में सूखे पत्ते की तरह काँप रहा था।

अगले दिन सुबह ही अचानक फोन की घण्टी बजने से वह सोते में चौंककर उठ बैठी, जब तक वह फोन उठाती, फोन कट चुका था, कुछ क्षण पश्चात् ही फिर से फोन घनघना उठा, उसने अनमने भाव से फोन उठाया।

"हैलो,"

"हैलो... मैं साधना से बात करना चाहती हूँ। आप...?" उधर से आवाज आयी।

"हाँ, मैं साधना ही बोल रही हूँ।"

"मैं अंकिता बोल रही हूँ, सन्दीप की पत्नी?"

"हाँ भाभी जी, गुड मार्निंग... बताइये क्या बात है?"

"मैं आपसे एकान्त में मिलना चाहती हूँ।"

"लेकिन क्यों?... इसकी क्या आवश्यकता पड़ गयी?"

"नहीं, हमें आपसे कुछ पूछना है।"

"तो फोन पर ही पूछ लीजिये।"

"नहीं, घर के अलावा कहीं एकान्त में मिलने का समय दे दीजिये... प्लीज।" उधर से अनुरोध-भरा स्वर सुनायी दिया।

"ठीक है, आज शाम को चार बजे लक्ष्मण पार्क में आ जाइये, लेकिन शर्त है कि आप बिलकुल अकेले आयें।"

"ठीक है, धन्यवाद।"

सायंकाल जब वह पार्क में नियत समय पर पहुँची, तो अंकिता वहाँ पर पूर्व से ही उसकी प्रतीक्षा कर रही थी। पास में पहुँचकर साधना ने हार्दिक अभिनन्दन किया...

"नमस्ते भाभी जी।"

"नमस्ते।"

"बताइये, क्या समस्या है?" साधना ने कहा।

"आपका सन्दीप से क्या सम्बन्ध रहा है?"

"अच्छा, आप हम दोनों के सम्बन्धों के बारे में जानना चाहती हैं।" साधना ने चुटकी ली।

"हाँ, सच-सच बताइये।... आज सारी रात मैं एक पल भी सो नहीं सकी हूँ। हम दोनों के बीच में एक तूफान-सा आ गया है।"

"आप सच जानना चाहती हैं, तो यह भी जान लीजिये कि सच बड़ा कड़वा होता है, क्या आप इसे बर्दाश्त कर पायेंगी?"

"क्यों नहीं?" कुछ सोचते हुए अंकिता ने जवाब दिया।

"तो सुनिये... मैंने और सन्दीप ने एक साथ हाईस्कूल, इण्टरमीडिएट, बी.एस-सी. और एम.एस-सी. किया है, हम दोनों जिगरी दोस्त रहे हैं और कॉलेज तथा लाइब्रेरी में हम लोग एक साथ पढ़ते थे।"

"आप लोग केवल सहपाठी थे या और कुछ?" सशंकित स्वर में अंकिता ने पूछा।

"बी.एस-सी. तक आते-आते कब हमारी दोस्ती प्यार में बदल गयी, पता ही नहीं चला।"

"हम लोगों ने एक-दूसरे के लिए न जाने क्या-क्या सपने देखे थे,... (जरा ठहरकर)... क्या सन्दीप ने इस सम्बन्ध के बारे में आपको पूर्व में कुछ भी नहीं बताया था।"

"नहीं... बिलकुल नहीं... कल आपके पार्टी में पहुँचने पर ही मुझे पता चला है?"

"उफ... न जाने वह और कितनों को ऐसे ही धोखा देता रहेगा।"

"क्या मतलब?" घबराये स्वर में अंकिता ने पूछा।

"कितनी भोली हो तुम... मैं नहीं समझती कि हर बात खुलकर ही बतायी जाये।" उसके चेहरे पर रहस्यमयी मुस्कान तैर रही थी। जब कि अंकिता के चेहरे पर पसीने की बूँदें झलक रही थीं। कुछ सोचते हुए अंकिता ने कहा–

"मेरा आग्रह है कि आप सन्दीप की जिन्दगी से दूर हो जायें तथा हम दोनों के बीच में दीवार न बनें।" अनुरोध-भरे स्वर में अंकिता ने कहा।

"यह कैसे सम्भव है कि मैं उसे भूल जाऊँ और सन्दीप भी तो मुझसे आजीवन सम्बन्ध बनाये रखने का इच्छुक है।"

"नहीं, ऐसा नहीं हो सकता।" अंकिता चीख उठी।

"मैंने पहले ही सचेत किया था कि सत्य बहुत कड़वा होता है, उसे बर्दाश्त नहीं कर सकोगी।"

साधना के चेहरे पर रहस्यमयी मुस्कान थी। जब कि अंकिता कुछ उधेड़बुन में थी, कुछ सोचते हुए उसने अपनी पर्स से चेक बुक निकाली और बोली–

"ठीक है, आप रुपये-पैसे के लिए ही सब-कुछ कर रही हैं न, यह लीजिये चेक बुक जो कि हमारे बैंक खाते की है। ब्लैंक चेक में अपनी मनचाही रकम भर लीजिये, मैं उस पर हस्ताक्षर कर दूँगी।"

"ओह...! यह बात है। मुझे पहले से पता था कि आप और आपके माता-पिता बहुत बड़े सौदागर हैं। जो चीज आसानी से नहीं प्राप्त होती, उसे चन्द कागज के टुकड़ों से खरीद लेते हैं।" साधना ने व्यंग्य किया।

"आप अपनी बात कहें। यह लीजिये चेक बुक।" चेक बुक आगे बढ़ाते हुए अंकिता ने कहा।

"माफ कीजियेगा देवी जी, मैं सन्दीप की तरह बिकाऊ नहीं हूँ... मैंने तो सन्दीप से प्यार किया है और प्यार बिकता नहीं...।"

"तो क्या तुम उसकी रखैल बनकर रहोगी।" चेक बुक उठाते हुए अंकिता ने कटाक्ष किया।

"जी हाँ, आपको कोई आपत्ति है। सन्दीप भी तो आपसे अधिक मुझे प्यार करता है।... रोकना है तो अपने शौहर को रोकिये।" उसने व्यंग्य शैली में ही जवाब दिया।

पैर पटकते हुए अंकिता वहाँ से चली गयी। इस घटना को अभी एक सप्ताह ही गुजरे थे कि उस दिन शाम को अचानक कॉलबेल बजी...

"बेटी साधना, देखो दरवाजे पर कौन है?" माँ ने कहा।

"ठीक है माँ... जा रही हूँ।

दरवाजा खोलते ही वह चौंक गयी, दरवाजे पर सन्दीप और उसके माता-पिता सिर झुकाये हुए खड़े थे।

"मुझे माफ कर दो बेटी, मुझसे बहुत बड़ी भूल हो गयी।" सन्दीप की माँ ने कहा।

"हाँ बेटी, हम लोग आपको समझ नहीं सके थे, धन के लोभ में पड़कर आपको ठुकरा दिया।" सन्दीप के पिता ने हाथ जोड़ते हुए कहा।

"साधना! अंकिता ने मुझे तलाक देने का निश्चय कर लिया है, अब आप ही इस सम्बन्ध को बचा सकती हैं।" सन्दीप के चेहरे का रंग उड़ा था।

"किन्तु, मेरे माता-पिता का भी आप लोगों ने ऐसे ही अपमान किया था, किन्तु तब तो आप लोगों की आँखों में दहेज की पट्टी चढ़ी थी।" संयत होकर साधना ने कहा।

"बेटी! आपके माता-पिता से भी हम क्षमा माँगने आये हैं।"

"ठीक है, आप सभी अन्दर आइये।" उसने दृढ़ता से कहा और उन्हें घर के अन्दर ले आयी। जहाँ पापा-मम्मी दोनों ही बैठे थे।

सन्दीप के माता—पिता ने अपराधी भाव से उन दोनों के पैर पकड़ते हुए कहा—

"भाई साहब, हमें माफ कर दीजिये, उस दिन धन के लोभ में पड़कर आपकी हीरे-जैसी बेटी के सम्बन्ध को अस्वीकार कर दिया।" सन्दीप के पिता ने रमेश के पैर पकड़ लिये।

"हाँ बहन जी, हम सबने उस दिन आपका बहुत अपमान किया था, हम अपने किये पर बहुत शर्मिन्दा हैं हमें माफ कर दीजिये।" सन्दीप की माँ ने रजनी के पैर पकड़ते हुए कहा।

"अरे!... आप लोग ऊपर बैठिये, जिसका जहाँ संयोग होता है... वहीं सम्बन्ध होता है।" रजनी चौंक-सी गयी।

"नहीं माँ, इन लोगों का स्थान ऊपर नहीं, आपके चरणों में ही है।"

"क्या बात है, बेटी? मेरे तो कुछ समझ में नहीं आ रहा है।" रमेश ने पूछा।

"सब-कुछ बता दूँगी पापा। देखिये इन्हीं दहेज के लोभियों ने आप दोनों का अपमान किया था, आज इनकी जगह आपके चरणों में ही है। मैंने इनसे ज्यादा दरिद्र, विवश एवं निरीह आदमी नहीं देखे हैं, जिनमें इन्सानियत है ही नहीं।" सन्दीप भी हाथ जोड़े साधना के पास खड़ा था और साधना के चेहरे पर विजयी मुस्कान थी। वह हारकर भी जीत गयी थी।

●

नया सवेरा

उस दिन मैं घर की बालकनी में योग एवं प्राणायाम कर रहा था, अचानक सड़क पर कुछ शोर-सा सुना, जब मैंने बालकनी से झाँका तो देखा कि मुहल्ले के तिराहे के पास जहाँ मुहल्लेवाले अक्सर कूड़ा डालते हैं, वहाँ पर पॉलीथीन बीनने को लेकर कुछ बच्चे आपस में ही झगड़ रहे हैं। उन बच्चों को देखकर मैं उनके भविष्य के बारे में सोचने लगा कि क्या ये निर्धन, अशिक्षित, मैले-कुचैले बच्चे ही भारत का भविष्य हैं? अचानक कुछ सोचते हुए...

"मृदुला, क्या किचन में कल का कुछ खाना बचा है?"

"हाँ, दस-बारह रोटियाँ हैं और कुछ सब्जी है, किसी को देना है क्या?"

"हाँ।"

"किसको?"

"सड़क पर कूड़े से पॉलीथीन एवं दफ्ती बीननेवाले तीन-चार लड़के हैं।"

"अरे!...उन मैले-कुचैले गन्दे बच्चों को दोगे... मैं गाय को क्या खिलाऊँगी?"

"अरे! एक दिन गाय के बजाय इन छोटे-छोटे बच्चों को दे दोगी, तो कोई अपराध नहीं हो जायेगा।" मैंने हँसते हुए चुटकी ली।

"ठीक है, जैसी तुम्हारी मर्जी।" कहकर मृदुला भी हँस दी।

मैं बालकनी से नीचे उतरकर दरवाजे के बाहर आया और उन बच्चों को इशारे से बुलाया, वे झिझकते हुए मेरे पास आये और उनमें से एक बोला–"क्या अंकल, बताइये क्या बात है?"

"क्यों बच्चों, क्या तुम लोग खाना खाओगे? लेकिन कल की बनी सब्जी और रोटियाँ हैं।"

"हाँ अंकल, बिलकुल खायेंगे।" उन लोगों के मुरझाये चेहरे खिल उठे, आँखों में एक विशेष प्रकार की चमक आ गयी थी।

"ठीक है, यहीं रुको, मैं अभी आता हूँ।" यह कहकर मैं घर में घुसा।

"मृदुला, लाओ कहाँ है खाना?" (जरा ठहरकर)...

"अच्छा तुम अपने हाथों से उन्हें दे दो।"

"नहीं, आप ही खिला दीजिये।"

''क्यों, क्या तुम खिला दोगी, तो कोई अपराध हो जायेगा, आखिर वे भी तो किसी के बच्चे हैं।''

मेरे आखिरी वाक्य से मृदुला सिहरकर अचकचा-सी गयी। कुछ ही क्षणों में उसके चेहरे पर कई भाव आये और चले गये, वह चुपचाप सब्जी और रोटियाँ और कुछ पुराने अखबार लेकर दरवाजे से बाहर निकल गयी और मैं अपराध-बोध से ग्रस्त जड़वत् खड़ा था। वह लौटकर आयी तो मैंने देखा कि उसकी आँखों में आँसू थे।

''सॉरी मृदुला!... मुझे माफ कर देना।''

''अरे, आपको मुझसे माफी माँगना शोभा नहीं देता। आपसे ऐसी क्या गलती हुई है?'' यह कहकर साड़ी के पल्लू से आँखों में आ गये आँसू पोंछने लगी, किन्तु आँसू थमने का नाम ही नहीं ले रहे थे। मैंने उसे सहारा देकर पास पड़ी कुर्सी पर बैठाया और उसे सान्त्वना देने लगा, उसने मेरे कन्धे पर अपना सिर रख दिया और फफककर रोने लगी।

''क्या करूँ प्रभात! मैं सचमुच अपराधी हूँ, मैं किसी की आकांक्षाओं पर खरी नहीं उतर पायी हूँ, सभी लोगों के सपने तार-तार होकर बिखर गये हैं।''

''अरे, यह सुबह-सुबह तुम्हें क्या हो गया है?''

''नहीं... मैं अधूरी औरत हूँ, आज तक मैं तुम्हारे बच्चे की माँ नहीं बन सकी हूँ, मैं परिवार के योग्य नहीं हूँ।''

''फिर वही बेवकूफी भरी बातें... दिलासा देते हुए मैंने उससे कहा।''

''इसमें किसी का कोई दोष नहीं है। यह सब भाग्य एवं प्रारब्ध का खेल है। हमारे यहाँ बड़े भैया और राजन के बच्चे हैं, वे सब अपने ही तो हैं और फिर सुमित्रा दीदी एवं शान्ति बहन के भी बच्चे सब अपने ही तो हैं।''

मैंने उसका सिर उठाकर आँखों की कोर में आ गये आँसुओं को पोंछा। वह मुझसे लता की भाँति लिपट गयी। मैंने भी उसे अपनी बाँहों में भर लिया, काफी देर तक वह मुझसे वैसे ही लिपटी रही, अचानक जब घड़ी में नौ बजे की घण्टी बजी तब मैंने उससे कहा, ''लगता है आज न तुम कॉलेज जाओगी और न मुझे जाने दोगी, क्यों कॉलेज में क्लास लेने का विचार है या नहीं?''

इस पर वह भी हलकी-सी मुस्कान के साथ मुझसे अलग हुई उसके चेहरे पर सन्तुष्टि के भाव थे।

उसके पश्चात् वह प्रतिदिन स्वयं ही उन बच्चों को अपने-आप खाना देने लगी। वे बच्चे भी प्रतिदिन एक निश्चित समय पर आ जाते और खाना खाकर अपने-अपने काम में लग जाते। मृदुला को उन्हें खाना खिलाने में अतीत प्रसन्नता का अनुभव होता था।

उस दिन हलकी-हलकी बारिश हो रही थी। किसी ने घर की कालबेल बजायी तब मैंने और मृदुला ने बालकनी से झाँका, तो देखा एक छोटा बच्चा बारिश में भीग रहा

था, उसने मृदुला को देखकर ''माँ जी!'' कहकर पुकारा, इस स्वर ने मृदुला को बिलकुल हिलाकर रख दिया, दोबारा जब उस बच्चे ने ''माँ जी'' कहकर जोर से आवाज दी, तब वह अपने को रोक न सकी, इस स्वर को सुनने के लिए वह वर्षों से प्रतीक्षा कर रही थी। वह दरवाजे की ओर भागी, उसने बच्चे को घर की गैलरी में बुला लिया और उससे पूछा—''बेटा! आज बारिश में क्यों निकल पड़े, आपके और साथी तो नहीं आये हैं?''

''माँ जी, मुझे खुद नहीं पता, मैं यहाँ क्यों चला आया।'' उसने बड़ी मासूमियत से जवाब दिया। उसके भोलेपन और माँ जी के सम्बोधन ने मृदुला को भाव-विह्वल कर दिया था।

''अरे, तुम बिलकुल भीग गये हो, तुम्हें ठण्ड लग जायेगी, एक तौलिया लाती हूँ, अपना बदन पोंछ लो।''

''नहीं माँ जी, इसकी क्या जरूरत है, हमें तो इस तरह की जिन्दगी जीने की आदत हो गयी है।''

''तुम रुको मैं अभी आयी।'' मृदुला कमरे में आयी और जल्दी से एक तौलिया लेकर नीचे उतरी और मैं सुबह का अखबार पढ़ने के बहाने यह सब-कुछ देख रहा था। जब वह तौलिया लेकर लौटी तो वह बच्चा ठण्ड से बुरी तरह काँप रहा था, यह देखकर मृदुला उसका बदन खुद तौलिये से पोंछने लगी—''अरे सुनते हैं जी, जरा जल्दी इधर आइयेगा।'' मैं हड़बड़ाकर कमरे से बाहर निकला।

''क्या हुआ?''

''बच्चे को बहुत तेज बुखार है। इसे किसी डॉक्टर को दिखाना पड़ेगा।'' मृदुला घबरा-सी गयी। मैं कुछ सोच नहीं पा रहा था। अचानक मृदुला ने कहा कि, ''क्या सोच रहे हो, यह सोचने का समय नहीं, कार निकालिये और इसे तुरन्त डॉक्टर के पास ले चलना है।''

''ठीक है, लेकिन इसे कपड़े कौन-से पहनाओगे।''

''मैंने जो राजन भैया के बेटे स्वप्निल की बर्थ-डे के लिए जो कपड़े खरीदे थे, वही पहना दूँगी।'' तौलिये से बदन पोंछते हुए मृदुला बोली।

अचानक उस मासूम बच्चे ने मेरी आँखों में झाँका, उस क्षण मुझे ऐसा लगा कि उसने अपने मासूम नयनों के माध्यम से ऐसे बाण का सन्धान कर दिया जो कि सीधे नयनों के माध्यम से हृदय तक पहुँच गया हो, मेरी वहाँ पर रुकने की हिम्मत न हुई और अपने कपड़े बदलकर कार की चाबी लेकर गैराज से कार निकालने लगा, तब तक मृदुला ने उसका बदन पोंछकर उसे कपड़े पहनाकर छाता लेकर आ गयी थी, वह अभी भी बुरी तरह से काँप रहा था।

जब हमने डॉक्टर को दिखाया तो उन्होंने एक सप्ताह की दवा दी तथा साथ ही

बेड-रेस्ट का परामर्श दिया, जब हम लौटकर आये तो मृदुला ने एक गिलास गुनगुना दूध देते हुए उसका नाम पूछा—"बेटा! तुम्हारा नाम क्या है?"

"अभिनव।"

फिर मृदुला ने दूध के साथ दवा की एक खुराक दे दी, दूध एवं दवा देने के बाद जब मैंने उससे बड़ी आत्मीयता से पूछा—"कहाँ रहते हो?"

"फुटपाथ पर।"

यह सुनकर हम दोनों चौंक गये।

"तुम्हारे माता-पिता कहाँ हैं?" मृदुला ने फिर पूछा।

"मैं अनाथ हूँ, माँ जन्म देने के बाद ही चल बसी, जब मैं पाँच वर्ष का था, पिता जी को कैन्सर हो गया, उन्हीं के इलाज में थोड़ी-बहुत जमीन थी, बिक गयी। बाद में गाँव के दबंग लोगों ने मकान और बची जमीन पर कब्जा कर लिया, पेट की भूख हमें यहाँ तक ले आयी।" यह कहते हुए वह सुबकने लगा। हम दोनों ने आश्चर्य-भरी निगाहों से एक-दूसरे को देखा। अचानक! मृदुला ने कुछ सोचते हुए अभिनव को उठाया और उसे दिलासा देते हुए कहा—"बेटा, घबराने की कोई बात नहीं, आओ मेरे साथ।" और वह उसे कमरे में लाकर पलँग पर बैठा दिया।

"अब तुम्हें यह सब करने की कोई आवश्यकता नहीं, अब यह समझो कि हम दोनों ही तुम्हारे माता-पिता हैं। उस मासूम के चेहरे पर भय-मिश्रित खुशी थी, उसकी वाणी मूक थी, उसकी आँखों में अनेक प्रकार के प्रश्न थे, किन्तु वह कुछ भी समझ नहीं पा रहा था।

मृदुला ने अभिनव की सेवा में अपना सब-कुछ लगा दिया था, उसके मातृत्व का झरना रेगिस्तानी पत्थरों को तोड़कर बड़े वेग से बह निकला था। चार दिन बाद ही हम दोनों की मैरिज-एनीवर्सिरी थी, मैंने जब कॉलेज से मोबाइल पर बात की।

"इस बार कहाँ चलने का विचार है?"

"इस बार हम लोग घर पर ही मैरिज-एनीवर्सिरी अभिनव के साथ मनायेंगे। मैं उसे अकेला छोड़कर कहीं नहीं जाऊँगी।" शाम को जब मैं घर पर ही केक, मिठाई आदि लेकर पहुँचा मृदुला ने भगवान् की आरती कर मुझे एवं अभिनव को टीका लगाया, सबने एक-दूसरे को मिठाइयाँ खिलायीं। अभिनव ने मेरे और मृदुला के पैर छूते हुए कहा, "पिता जी और माँ जी! ईश्वर से मेरी यही कामना है कि आप दोनों सदैव खुशहाल रहें।" मैंने और मृदुला ने खुशी से अभिनव का माथा चूम लिया। हर वर्ष की भाँति मैंने मृदुला से कोई गिफ्ट माँगने को कहा—मृदुला ने कुछ सोचते हुए कहा कि—

"छोड़िये भी, आप हमारी माँग पूरी नहीं कर पायेंगे।"

"ऐसा क्या है कि मैं आपकी माँग पूरा नहीं कर पाऊँगा?"

"फिजूल में बताने से क्या फायदा।"

"मैंने आज तक तुम्हारी कोई बात इन्कार की हो, तो बताओ।"

"पर यह आप इन्कार कर देंगे।"

"नहीं, आप कहकर तो देखिये।"

"ठीक है, मैं चाहती हूँ कि शहर में स्कूल खोलने के लिए जो बड़ा-सा प्लाट लिया है, वहाँ पर एक अनाथालय खुलवा दिया जाय और उन बच्चों को पढ़ाने-लिखाने के लिए स्कूल खोला जाय।"

"मैं भी इस माँग पर सकते में पड़ गया। मुझे मृदुला से इस तरह की माँग की कोई उम्मीद नहीं थी।

"क्या सोच रहे हो।" अचानक मृदुला बोली।

"कुछ भी नहीं।"

"मैं जानती थी, आप सहमत नहीं होंगे।"

"नहीं, ऐसी बात नहीं है।" मैं घबरा गया था।

"फिर, क्या बात है।"

"मैं सोच रहा हूँ कि यह विचार कैसे तुम्हारे दिमाग में आया?"

"अभिनव को देखकर... अभिनव-जैसे बहुत-सारे बच्चे अनाथ हैं या दो जून की रोटी के लिए मारे-मारे फिरते हैं, उनको सहारा एवं शिक्षा देकर समाज का बहुत बड़ा काम किया जा सकता है।"

"ठीक है, मैं तुम्हारी इस माँग को अवश्य पूरा करूँगा।" मेरी संकल्प शक्ति ने मुझको मजबूत बना दिया था।

मैंने कॉलेज से समय निकालकर उस प्लाट में अनाथालय का निर्माण प्रारम्भ करा दिया, मैंने और मृदुला दोनों ने ही समय, शक्ति एवं धन का सदुपयोग किया जिससे एक वर्ष के अन्दर ही चार कमरों का एक छोटा-सा अनाथालय बन गया वहाँ पर कुछ अनाथ बच्चों को आश्रय दे दिया गया था और उनके लिए उसी क्षेत्र के दो प्राइवेट नौकर भी रख दिये गये।

अचानक अभिनव ने पीछे से आकर मेरी आँखें बन्द कर दी थीं।

"पिता जी आज सबसे बड़ा त्योहार है, बताइये क्या है?" मैं दिमाग पर जोर डालने के बाद भी कुछ समझ न सका।

"मुझे कुछ ध्यान नहीं आ रहा है।"

"अच्छा मैं आपकी आँखें खोलता हूँ।"

जब अभिनव ने हाथ हटाया, तो सामने मृदुला मिठाई का डिब्बा लिये खड़ी थी, उसने मेरे गालों पर हलकी-सी चपत लगाते हुए मुझे मिठाई खिलायी।

"इतनी जल्दी भूल गये, आज हम लोगों की मैरिज-एनीवर्सिरी है।" यह सुनकर मैं रोमांचित हो गया।

"और सुनो मैंने शाम को घूमने के लिए स्थान भी चुन लिया है।"

"कहाँ?"

"अनाथालय में बच्चों के साथ हम तीनों खुशियाँ बाँटेंगे। यह सुनकर मेरी खुशी का पारावार न रहा, मेरी नस-नस में खुशी समाती जा रही थी।

●

जिज्ञासा

बनारस विश्वविद्यालय का विशाल कैम्पस... खूबसूरत लॉन एवं प्राकृतिक हरियाली के नयनाभिराम दृश्य... चतुर्दिक् मखमली घास और लॉन के चारों ओर महकते फूलों की कतारें... बिलकुल मनमोहक पार्क-सा नजारा। विश्वविद्यालय परिसर में ही भव्य विश्वनाथ मन्दिर... साधना, आराधना एवं भारतीय संस्कृति की बेजोड़ मिसाल।

आज विश्वविद्यालय परिसर के अर्थशास्त्र संकाय के छात्र-छात्राओं के आँखों की उत्सुकता एवं बेसब्री देखते ही बनती थी, उन्हें अर्थशास्त्र के नवनियुक्त लेक्चरर डॉ. के.के. शुक्ल का इन्तजार था, जिनकी बनारस विश्वविद्यालय में पहली ही नियुक्ति हुई थी। इन्तजार कर रहे छात्र-छात्राओं ने जब दूर से आते हुए डॉ. के.के. शुक्ल को देखा तो उनकी उत्सुकता आश्चर्य में परिवर्तित हो गयी।

डॉ. के.के. शुक्ल... लगभग छह फीट का इकहरा सन्तुलित सुगठित शरीर... आकर्षक चेहरा... बोलती हुई आँखें... काले सघन बाल... लगभग सत्ताईस वर्ष की उम्र... एक मनमोहक व्यक्तित्व।

उन्होंने अर्थशास्त्र के विभागाध्यक्ष प्रो. एस.के. श्रीवास्तव के कक्ष में जाकर उन्हें अभिवादन किया।

''आइये, शुक्ल जी बैठिये।'' प्रो. श्रीवास्तव ने अपने सम्मुख पड़ी हुई कुर्सी की ओर इशारा किया।

''धन्यवाद सर।'' डॉ. शुक्ल आभार प्रकट करते हुए बैठ गये।

''आप तो नयी उम्र में ही लेक्चरर के पद पर नियुक्त हो गये हैं, अपने बारे में बतायें और मैं आपको अर्थशास्त्र संकाय के कोर्स, आपके क्लासेज, विश्वविद्यालय के नियम, उपनियम की जानकारी देने का पूर्ण प्रयास करूँगा।''

इसके पश्चात् विभागाध्यक्ष एवं डॉ. शुक्ल के मध्य विभिन्न बिन्दुओं पर वार्त्ता होने लगी। उधर संकाय परिसर में ही एम.ए. के छात्र-छात्राओं के मध्य सिर्फ डॉ. शुक्ल के सम्बन्ध में ही चर्चा-परिचर्चा हो रही थी।

''अरे, ये तो स्वयं एक स्टूडेण्ट लग रहे हैं।'' राजन ने कहा।

''ये तो कहीं से भी लेक्चरर नहीं लग रहे हैं, हम लोगों को क्या पढ़ायेंगे।'' देवव्रत ने चुटकी लेते हुए कहा।

"चलो, हम लोगों को मनोरंजन का एक अच्छा पात्र मिल गया।" शिवांश के चेहरे पर शरारत के भाव तैर गये।

"हाँ, तुम लोगों की टोली के सम्मुख बेचारे तीन-चार दिनों में ही विश्वविद्यालय छोड़कर भाग जायेंगे।" प्रसून ने सहानुभूति प्रदर्शित करते हुए कहा।

"तो आप लोग क्या समझते हैं कि अर्थशास्त्र-जैसे कठिन एवं बिलकुल नीरस विषय को हरेक अनुभवहीन लेक्चरर हम लोगों को पढ़ा सकेगा।" सन्देह ने उनकी योग्यता पर सन्देह व्यक्त किया।

इसी तरह छात्राओं की टोली में भी इसी विषय पर तर्क-वितर्क होने लगे।

"अरे, ये तो लेक्चरर कम फ़िल्मी हीरो अधिक लग रहे हैं।" रजनी ने कहा।

"हम लोगों को ऐसे नौसिखिये क्लास में खाक पढ़ा पायेंगे। सभी लोग ऐसे हूटिंग करेंगे कि यूनिवर्सिटी छोड़कर भागना पड़ जायेगा।" सोनाली ने उनकी योग्यता पर संशय प्रकट किया।

"कुछ भी हो, लेकिन बन्दा स्मार्ट है, इसके साथ प्रेम-प्रसंग छेड़ने लायक है, कहो नीलम! तुम्हारा क्या खयाल है... घुँघराले बाल... गोरा चिट्टा चेहरा... लम्बा इकहरा शरीर।" प्रियंका ने नीलम को छेड़ते हुए कहा।

"तुम्हें तो हर जगह एक ही टॉपिक सूझता है। मैं तो अर्थशास्त्र विषय से ही बोर हो गयी हूँ, तुम लोगों की सलाह पर ही मैंने एम.ए. अर्थशास्त्र में एडमीशन ले लिया, लेकिन अब बिलकुल नहीं चल पा रहा है, डिवीजन की बात छोड़ो, मुझे लगता है कि मैं इसमें उत्तीर्ण भी नहीं हो पाऊँगी और अब इन जैसे नौसिखिये के आ जाने से और भी बेड़ा गर्क़ हो जायेगा।" नीलम ने निराशा-भरे स्वर में कहा।

"चलो, हम लोग भी इन्हें अपने-अपने ढंग से इस तरह हूट करेंगे, जिससे इनकी जगह डॉ. गुप्त के ही क्लास चलें, कुछ तो समझ में आ ही जाता है।" अनुराधा ने भावी योजना बनाते हुए कहा।

"किन्तु डॉ. गुप्त भी बहुत बोर करते हैं।" रजनी ने असहमति जतायी।

"तो अर्थशास्त्र-जैसा विषय क्यों ले लिया? कोई अन्य विषय लिया होता तो मौज-मस्ती के साथ-साथ डिवीजन भी बन जाती।" प्रियंका ने ठहाका लगाया।

अगले दिन जब डॉ. के.के. शुक्ल ने एम.ए. फाइनल की क्लास लेने हेतु कक्ष में प्रवेश किया तो कक्ष में उपस्थित सभी छात्र-छात्राओं ने खड़े होकर अभिवादन किया तथा एक साथ ताली बजाकर स्वागत किया, उसी ताली के बीच में किसी ने जोर से सीटी बजा दी, जिस पर कक्ष में उपस्थित सभी छात्र-छात्राएँ अचानक खिलखिलाकर हँस पड़े और हँसते हुए बैठ गये। डॉ. शुक्ल के चेहरे पर चिन्ता की लकीरों के साथ-साथ उनके मन-मस्तिष्क में न जाने कितने विचार सागर की लहरों की भाँति जन्म

लेने लगे। उन्होंने अपने को स्थिर करते हुए ताली बजायी और वाणी को संयत रखते हुए मुस्कानपूर्ण मुद्रा में कहा–

''मैं आप सभी मित्रों का अपनी ओर से हार्दिक स्वागत करता हूँ और आप लोगों का हार्दिक आभारी हूँ, मैं अपने-आपको आप सबके मध्य पाकर धन्य हो गया हूँ और ऐसा लग रहा है कि मेरा यूनिवर्सिटी पीरियड पुनः वापस आ गया है।''

सभी छात्र-छात्राओं ने एक-दूसरे को आश्चर्यपूर्ण मुद्रा में देखा। उन लोगों ने प्रत्युत्तर में ऐसे व्यवहार की कल्पना भी नहीं की थी।

''यह बतायें सर, आप लेक्चरर हैं और हम सभी स्टूडेण्ट हैं, फिर हम सभी आपके मित्र कैसे हो गये? दोनों सम्बन्धों में पर्याप्त दूरी होती है?'' शिवांश ने प्रश्न किया।

''बिलकुल सही प्रश्न किया आपने। इस सम्बन्ध में मेरा मानना है कि जिन सम्बन्धों में जितनी कम औपचारिकता होती है, विचारधारा में एकरूपता अधिक रहती है, वह सम्बन्ध सार्थक एवं स्थायी होता है। माँ-बेटे का सम्बन्ध इसका साक्षात् प्रमाण है, एक नवजात शिशु की हरकत से ही माँ उसकी आवश्यकता का अनुमान लगा लेती है। रोता हुआ शिशु अपनी माँ की गोद पाकर शान्त हो जाता है और सर्वाधिक आनन्द प्राप्त करता है।''

''किन्तु गुरु-शिष्य का सम्बन्ध मित्रवत् कैसे हो सकता है।'' रजनी ने शंका प्रकट की।

''गुरु-शिष्य का सबसे परिमार्जित और उन्नत स्वरूप मित्र ही है क्योंकि जब शिष्य अपनी जिज्ञासा, समस्या एवं प्रश्नों को अपने गुरु के सम्मुख नहीं रखेगा, तो उसका निदान कैसे हो सकेगा और गुरु भी अपने गुरुतर दायित्व से मुक्त नहीं हो सकेगा। दोनों के मध्य मित्रवत् सम्बन्ध होने से तर्क-वितर्क की पर्याप्त गुंजाइश रहती है और दोनों के लिए काफी-कुछ सीखने को रहता है।''

''सर, यह दर्शनशास्त्र नहीं अर्थशास्त्र का पीरियड है।'' नीलम ने कटाक्ष किया।

सभी छात्र-छात्राओं ने यह सुनकर जोरदार ठहाका लगाया।

''देवी जी! किसी भी शास्त्र का उद्गम दर्शन से ही होता है। अर्थ की प्राप्ति तभी होगी जब पहले दर्शन होगा अन्यथा अर्थ का भी अनर्थ हो जायेगा, खैर आपका विधिवत् दर्शन हुआ, अब हम अर्थशास्त्र विषय पर आते हैं।'' डॉ. शुक्ल ने कटाक्ष का प्रत्युत्तर दिया।

इस प्रत्युत्तर पर सम्पूर्ण कक्ष छात्र-छात्राओं के ठहाकों से गूँज गया। नीलम लज्जित होकर रह गयी।

''सर, कहीं क्लास में अनर्थ न हो जाये और आपका पुरुषार्थ विफल हो जाये और आप अर्जुन की तरह गाण्डीव रख दें, यहाँ तो कोई कृष्ण भी नहीं है।'' देवव्रत ने चुटकी ली।

"ऐसा नहीं है, आप सभी लोग कृष्ण और पाण्डव हैं। आप अपने तथा अपने समस्त सहपाठियों को कौरव की संज्ञा से विभूषित करने का अपराध न करें। महाभारत में केवल एक ही कृष्ण थे, यहाँ पर आप सभी कृष्ण के रूप में मेरे सखा हैं।" डॉ. शुक्ल ने संजीदगी से उत्तर दिया।

डॉ. शुक्ल के व्यक्तित्व एवं उनकी वाक्पटुता ने समस्त छात्र-छात्राओं को सम्मोहित कर दिया था, सभी मन्त्रमुग्ध होकर उनकी वाक्पटुता का आनन्द ले रहे थे। इसके पश्चात् डॉ. शुक्ल ने स्वयं अपना परिचय देते हुए अन्य छात्र-छात्राओं का परिचय, उनकी अभिरुचियों के बारे में विस्तृत जानकारी ली। पीरियड समाप्त होने पर एक ओर जहाँ छात्र-छात्राओं के मन में खुशी का भाव था, तो दूसरी ओर डॉ. शुक्ल के मुख पर विजयी मुस्कान थी।

धीर-धीरे डॉ. शुक्ल के पीरियड में संकाय के छात्र-छात्राओं की रुचि बढ़ने लगी, उनकी वक्तव्य कला सम्मोहक थी, कठिन-से-कठिन विषयगत प्रश्नों का चुटकियों में ही सरल ढंग से समाधान प्रस्तुत कर देते थे। जो छात्र-छात्राएँ अर्थशास्त्र विषय को एक हौव्वा मानकर अरुचिपूर्ण ढंग से पढ़ रहे थे, उन्होंने भी रुचि लेकर पढ़ना प्रारम्भ कर दिया।

"डॉ. साहब को क्लास लेने और स्टूडेण्ट्स डील करने में गजब की महारत है।" एक दिन देवव्रत ने छात्र-छात्राओं के मध्य अपनी बात रखी।

"लेकिन सबसे बड़ा कमाल तो यह है कि इससे पहले डॉ. शुक्ल ने किसी विश्वविद्यालय में लेक्चर नहीं दिये, फिर भी अर्थशास्त्र विषय में गजब की पकड़ है।" नीलम ने उनकी सराहना करते हुए कहा।

"मुझे तो डॉ. शुक्ल की वेश-भूषा, चाल-ढाल एवं उनका आउटलुक सबसे अधिक आकर्षक लगती है।" प्रियंका ने मुस्कराते हुए कहा।

"क्या उनसे प्रेम करने का इरादा है?" राजन ने चुटकी ली।

"प्रेम तो किसी से भी हो सकता है, लेकिन इस मामले में गुरु-शिष्य-परम्परा आड़े आ जाती है।" प्रियंका ने उसी लहजे में उत्तर दिया।

"अरे, इसमें जो भी आड़ा-तिरछा है, उसको मैं सीधा कर सकती हूँ। अगर तुम अपनी इच्छा प्रकट करो तो मैं गुरु-शिष्य-परम्परा को प्रेम परम्परा में बदल दूँ और तुम्हारे दिल की बात डॉ. साहब तक पहुँचा दूँ।" सोनाली ने प्रियंका की खिंचाई करते हुए कहा।

प्रियंका निरुत्तर होकर रह गयी।

नीलम को भी अर्थशास्त्र विषय में अचानक ही विशेष रुचि उत्पन्न हो गयी। वह डॉ. शुक्ल का बिना कोई पीरियड मिस किये हुए प्रश्न पूछ-पूछकर अपनी जिज्ञासा का

समाधान करने में लगी रहती थी। पुस्तकालय में भी वह अर्थशास्त्र पर विशेष ध्यान देने लगी थी।

एक दिन वह सीधे डॉ. शुक्ल के केबिन में ही चली गयी और अनुरोध-भरे स्वर में बोली—"सर, अर्थशास्त्र में पिछले वर्ष मेरे कम प्राप्तांक थे, मेरी इच्छा है कि आप अपने केबिन में भी मुझे कुछ समय देने का कष्ट करें।"

"आपको जो समस्या हो, वह क्लास में भी डिस्कस कर सकती हैं, यदि आवश्यकता पड़ेगी तो एक्स्ट्रा क्लास भी ले लिया करूँगा।"

"सर, बी.ए. में मैं गोल्ड मेडलिस्ट रही हूँ, किन्तु एम.ए. प्रथम वर्ष में मेरे प्राप्तांक काफी कम रह गये हैं। मेरी हार्दिक इच्छा है कि आपके सान्निध्य में एम.ए. फाइनल में पुनः मेरिट में स्थान प्राप्त करूँ।" नीलम ने अपनी बात रखी।

"ठीक है मुझे भी आप-जैसे मेरिट स्कॉलर को पढ़ाने में गर्व की अनुभूति होगी।" डॉ. शुक्ल ने खुशी प्रकट की।

अगले दिन से नीलम नियमित रूप से क्लास के साथ-साथ केबिन में भी पढ़ने जाने लगी। एक दिन...

"सर, आपकी अध्ययन एवं अध्यापन के अतिरिक्त अन्य क्या-क्या अभिरुचियाँ हैं?" नीलम ने डॉ. शुक्ल से आत्मीयता-भरे स्वर में पूछा।

"मुझे बागवानी करने का शौक है, इसके अतिरिक्त प्रतिदिन योग एवं प्राणायाम मेरी दिनचर्या का एक अनिवार्य अंग बन गया है। अच्छा, आप बतायें आपकी क्या-क्या अभिरुचियाँ हैं?"

"साहित्य अध्ययन एवं साहित्य सृजन में मेरी विशेष अभिरुचि है।"

"किस तरह की विधा में आप साहित्य सृजन करती हैं।" डॉ. शुक्ल ने जिज्ञासा प्रकट की।

"गीत एवं ग़ज़ल मेरी प्रिय विधा है।"

"ज्यादातर आप किस तरह के गीत लिखती हैं?"

"मैं अधिकतर प्रेमपूर्ण गीत एवं दर्दभरी ग़ज़लें लिखती हूँ।" नीलम ने लजाते हुए उत्तर दिया।

"अच्छा! हमें भी अपनी स्वरचित गीत एवं ग़ज़लें पढ़ने को दीजियेगा।" डॉ. शुक्ल ने आश्चर्यचकित होकर इच्छा व्यक्त की।

अगले दिन नीलम ने अपनी स्वरचित गीत एवं गजलें पढ़ने के लिए डॉ. शुक्ल को दिया। दो-तीन दिन बाद नीलम ने डॉ. शुक्ल से पूछा—

"सर, मेरी स्वरचित गीत एवं ग़ज़लों के सम्बन्ध में आपके क्या विचार हैं? भाव एवं शिल्प के स्तर पर हमें और क्या सुधार करना चाहिए?"

"मैं तो साहित्य के मामले में बहुत अधिक दखल नहीं रखता, किन्तु आपके गीतों में प्यार, नफरत के साथ-साथ प्रकृति का मानवीकरण बड़ी ही खूबसूरती से किया गया है और आपकी ग़ज़लें तो दर्द का पैमाना हैं।"

"बहुत-बहुत धन्यवाद सर।"

"ऐसा लगता है कि आप किसी से अत्यधिक प्यार करती हैं या करती रही हैं और उसी के मिलन एवं जुदाई में गीत एवं ग़ज़लों का जन्म हुआ है। क्योंकि आपके गीत एवं ग़ज़लें पढ़कर ऐसा आभास होता है, जैसे आपने स्वयं उस स्थिति को जीकर देखा हो, क्या आप वास्तव में किसी से इतना प्यार करती हैं?" डॉ. शुक्ल ने मुस्कराते हुए कहा।

"मैं पहले तो किसी से प्यार नहीं करती थी, लेकिन लगता है अब मुझे प्यार हो गया है।" नीलम ने हँसते हुए अपनी बात पूरी की।

"हाँ, आप अर्थशास्त्र विषय से डरती थीं, अब उसी से बेइन्तिहा प्यार करने लगी हैं।" डॉ. शुक्ल ने कटाक्ष किया।

नीलम डॉ. शुक्ल को पैनी दृष्टि से घूरते हुए शान्त रही।

अगले दिन कैम्पस में नीलम को पीछे से किसी ने आवाज दिया।

"अरे, नीलम कहाँ जा रही हो?"

नीलम ने पीछे मुड़कर देखा तो उनकी सहेलियाँ रजनी, प्रियंका, सोनाली और अनुराधा खड़ी होकर आपस में बात कर रही थीं।

"जरा, लाइब्रेरी तक जा रही हूँ।" नीलम ने उन लोगों के निकट आते हुए उत्तर दिया।

"तुम तो अर्थशास्त्र के पीछे बिलकुल पागल दीवानी हो गयी हो।" रजनी ने कहा।

"अरे, आप लोग अभी तक नहीं समझीं, यह अर्थशास्त्र की नहीं बल्कि डॉ. शुक्ल के प्यार में पागल दीवानी हो गयी हैं।" अनुराधा ने चुटकी ली।

"कहीं गुरु-शिष्य-परम्परा को प्रेम-परम्परा में बदलने का चैलेन्ज तो नहीं कर लिया है।" प्रियंका ने नीलम को गुदगुदाते हुए कहा।

"आप लोगों को क्या हो गया है? आज सुबह से कोई और नहीं मिला क्या?" नीलम ने नाराजगी प्रकट करते हुए कहा।

'हाँ... हाँ सच्ची बात कहो तो मिर्ची-जैसी लगती है, अरे हम लोगों को अपनी दिल की बात बता देने में हर्ज ही क्या है? हम लोग तो बेतार का तार जोड़ने में मदद ही करेंगे।" सोनाली ने छेड़ा।

"अब बता भी दो बात कहाँ तक पहुँची? बेचारे डॉ. साहब भी तो अभी तक कुँवारे ही हैं।" प्रियंका ने नीलम का हाथ दबाते हुए कहा।

"हाँ अब बात यहाँ तक पहुँची है कि हमें अपने पर पूर्ण विश्वास होने लगा है कि बी.ए. की तरह एम.ए. फाइनल में भी मेरिट में आ जाऊँगी और इसमें डॉ. शुक्ल का बहुत बड़ा सहयोग है।" नीलम ने खीझकर उत्तर दिया और लाइब्रेरी की ओर चल दी।

अगले दिन डॉ. शुक्ल ने नीलम से जिज्ञासावश प्रश्न किया—"नीलम जी, जरा यह बताइये कि मेरी पढ़ाने की शैली कैसी है? मुझे इसमें और क्या सुधार करना चाहिए?"

"सर, आपकी पढ़ाने की शैली तो अति उत्तम है, किन्तु आपके मनोविज्ञान का व्यावहारिक पक्ष अत्यन्त कमजोर है। जिससे आपको सामने बैठे व्यक्ति की मनोदशा, जिज्ञासा एवं हाव-भाव को समझना अत्यन्त दुष्कर हो जाता है।" नीलम ने बेबाकी से उत्तर दिया।

"मैं आपकी बात समझ नहीं पाया। जरा इसे स्पष्ट करें।"

"सर, मैं इतने दिनों से अर्थशास्त्र से कहीं अधिक आपमें रुचि ले रही हूँ, लेकिन आप अभी तक इसे नहीं समझ पा रहे हैं।" यह कहकर नीलम ने थोड़ा लजाते हुए अपनी आँखें नीची कर लीं।

ढलते हुए सूर्य की सप्तरंगी आभा केबिन में पड़ रही थी और उस मधुमय प्रकाश में डॉ. शुक्ल को ऐसा लगा कि गन्धर्व लोक की अप्सरा ने उनके समक्ष अपना प्रेम-निवेदन प्रस्तुत कर दिया हो।

"ले...कि...न...हमारे....आपके....रिश्ते....अलग-अलग हैं, इसमें तो हम दोनों की बदनामी होगी।" डॉ. शुक्ल काँपते स्वर में बोले।

"मैं तो सारी दुनिया के समक्ष अपने प्रेम का इजहार कर सकती हूँ, अगर आपका कदम...न...डगमगाये तो।" नीलम ने दृढ़तापूर्वक कहा।

अब डॉ. के.के. शुक्ल मनोविज्ञान के अपने कमजोर पक्ष को समझने का पूर्ण प्रयास कर रहे थे।

●

गिरगिट

अर्पित का छह महीने बाद घर आना हो रहा था, इसी को लेकर घर में खुशी का माहौल था, दोनों बच्चे पापा से अपनी-अपनी पसन्द का गिफ्ट लेने को बेताब थे। पत्नी रीमा व फालोवर रामू ने घर को बड़ी खूबसूरती से सजा-सँवार दिया था, बूढ़े माँ-बाप की निस्तेज आँखों में विशेष चमक थी, सभी बड़ी बेसब्री से अर्पित के आने का इन्तजार कर रहे थे।

अचानक घर के सामने एक आटो रुकी, हरेक की खुशी का कोई ठिकाना न रहा। अर्पित को देखकर बच्चे चहकने लगे, उसने फालोवर को आटो से सामान उतारने को कहा, किराये के पैसे चुकता कर घर में प्रवेश करते ही मम्मी-पापा के पैर छुए फिर दोनों बच्चों को बारी-बारी गोद में उठाकर चूम लिया, बच्चों ने भी प्रत्युत्तर में पापा को चूम लिया फिर रीमा के दोनों गालों की चिकोटी काटते हुए अर्पित बोला,

"और आप कैसी हैं जनाब!"

अचानक अर्पित के इस प्रेमपूरित व्यवहार पर रीमा लजा गयी, उसके मुख का सौन्दर्य द्विगुणित हो गया, दोनों कपोलों की लालिमा बढ़ गयी, अधर गुलाबी कमल की भाँति खिल उठे, मानो वे किसी भौंरे की प्रतीक्षा कर रहे हों, मूक नेत्र विरह-व्यथा सुनाने को व्यग्र, रोम-रोम में विशेष स्पन्दन और सम्पूर्ण बदन में एक अजीब-सी सिहरन! उसके दिल में बस एक ही चाह कि वह सब-कुछ भूलकर अर्पित से लता की भाँति लिपट जाये...। किन्तु मम्मी-पापा एवं बच्चों की उपस्थिति में मन-मसोसकर रह गयी।

घर के अन्दर पहुँचने पर रीमा ने बच्चों के हाथ में मिठाई का डिब्बा दिया और बोली,

"चलो, पापा का मुँह मीठा करो। अर्पित को शैलेश और अंजली ने मुँह मीठा कराया, अर्पित ने भी अपने हाथों से बेटे एवं बेटी की उनकी मनपसन्द मिठाई खिलायी, मिठाई खिलाते समय अंजली ने पापा की उँगली काट ली और हँसने लगी।

"अरे बाप रे, यह तो अभी भी बड़ी बदमाश है फिर उसे उठाकर चूम लिया। यह देखकर सभी हँसने लगे, अर्पित ने मम्मी-पापा को भी मिठाई खिलायी फिर रीमा और अर्पित ने भी एक-दूसरे को मिठाई खिलायी, दोनों की आँखों में प्रेम एवं वासना के लाल डोरे तैरने लगे।

सी.आर.पी.एफ... में कम्पनी कमाण्डर के पद पर कार्यरत अर्पित का पिछले छह महीनों बाद घर आना हुआ, उसकी ड्यूटी अमरनाथ यात्रा में तीर्थयात्रियों की सुरक्षा में लगी थी। सेना एवं सी.आर.पी.एफ. द्वारा सुरक्षा के पुख्ता इन्तजाम किये जाने के कारण इस वर्ष यात्रा सकुशल सम्पन्न हुई। इसके पूर्व वह अन्य ड्यूटी पर था।

पापा अमरनाथ यात्रा और वहाँ की गयी ड्यूटी के बारे में अर्पित से हाल-चाल पूछने लगे तो उसकी मम्मी ने उन्हें झिड़कते हुए कहा–

''बेटा, अभी आया नहीं कि ड्यूटी के बारे में पूछने लगे, रिटायरमेण्ट के बाद भी सर्विस और फाइलें सपने में घूमती रहती हैं, अरे, अभी बाहर से आया है, कुछ आराम तो कर लेने दो। जाओ बेटा पहले कपड़े बदल लो। रीमा बेटी आप भी जाकर अर्पित की मदद कर दो।''

अर्पित सब-कुछ समझते हुए रीमा के साथ जाने लगा, जब साथ ही शैलेश और अंजली भी जाने लगे, तब दादी ने पुकारा,...

''अरे, अंजली और शैलेश तुम दोनों लोग इधर आओ और पापा के लाये इन खिलौनों से खेलो।''

बेडरूम पहुँचकर उसने रीमा को गोद में उठा लिया और कहा, ''देखो, मम्मी-पापा हम लोगों का कितना खयाल रखते हैं।''

''पर मैं भी तो उनका कितना ध्यान रखती हूँ।''

''हाँ, यह तो सही है, तुम्हारी-जैसी पत्नी पाकर मैं धन्य हो गया, तुम वास्तव में एक देवी का रूप हो जो मेरा, बच्चों का और मेरे मम्मी-पापा का इतना ध्यान रखती हो।''

''बस-बस, झूठी तारीफ न करो।'' यह कहकर रीमा ने अर्पित का माथा चूम लिया।

इसके बाद दोनों प्यार के आगोश में खो गये, और जब बाहर निकले तो अर्पित ने मम्मी को जोर से पुकारा,

''मम्मी, अरे मुझे बहुत जोर की भूख लगी है।''

''ठीक है बेटा।''

''अरे! माँ जी को क्यों परेशान कर रहे हो, मैं सारी व्यवस्था कर रही हूँ।'' रीमा ने हँसते हुए कहा।

''अरे भाई, अब मुझे सब्र नहीं है, पेट में चूहे दौड़ रहे हैं।'' यह सुनकर सब हँस पड़े।

''हाँ पापा, मेरे पेट में भी चूहे दौड़ने लगे हैं, मम्मी जल्दी करो।'' शैलेश ने कहा।

''भैया सही कह रहा है लेकिन मेरे पेट में तो खरगोश दौड़ रहे हैं।'' अंजली ने कहा।

''अरे, जब सब लोग दौड़ रहे हैं तो मैं भी फटाफट डायनिंग टेबिल पर लंच लगाती हूँ, मैंने लंच तो पहले ही तैयार कर दिया था।''

“अरे, क्या तुम लोगों ने अभी तक अपना लंच नहीं किया है, अब तो तीन बज गया है।” अर्पित ने सामने दीवाल पर टँगी घड़ी पर दृष्टि डालते हुए बोला।

“नहीं पापा, हमने अंजली और दादी-बाबा सभी ने सुबह से ही यह कह रखा था कि अपना लंच प्यारे पापा जी के ही साथ लेंगे।” शैलेश बोला।

“अरे, भूखा रहने की क्या जरूरत थी, पर चलो अच्छा, हम सभी लोग मिलकर एक साथ खाना खायेंगे।”

“वास्तव में मैं आप सबको पाकर धन्य हो गया।” यह कहकर अर्पित ने अंजली और शैलेश को बारी-बारी से गोद में उठाकर प्यार किया।

अगले दिन अर्पित का जन्मदिन था, सुबह से ही जन्मदिन मनाये जाने की योजना बन रही थी, सुबह से ही अंजली और शैलेश में इस बात को लेकर झगड़ा हो रहा था कि हम आज कहाँ घूमने जायेंगे। अंजली पिकनिक के लिए जिद कर रही थी तो शैलेश चिड़ियाघर जाने के लिए और रीमा की बच्चों के साथ पिक्चर देखकर डिनर करने की इच्छा थी। आखिर में शैलेश ने ही सबको मनाने की जिम्मेदारी अपने ऊपर ली।

जन्मदिन पर सबकी आपसी नोक-झोंक देखकर अंजली के दादी-बाबा मुस्करा रहे थे... आखिर में यह तय हुआ कि—सबसे पहले सभी लोग चिड़ियाघर जायेंगे, चिड़ियाघर के अन्दर स्थित पार्क में पिकनिक मनायेंगे और उसके बाद पिक्चर देखेंगे फिर रात्रि का डिनर होटल में ही करके घर वापस आयेंगे।

अर्पित ने मम्मी-पापा से कहा—“पापा! आप और मम्मी आप दोनों भी फटाफट हम लोगों के साथ तैयार हो जाइये, हम लोग साथ में ही घूमेंगे और जन्मदिन मनायेंगे।”

“नहीं अर्पित, अब हमारी और तुम्हारी माँ की उम्र घूमने लायक नहीं है। शुगर और गठिया होने के कारण मुझे चलने में परेशानी होती है।”

“और मुझे भी ब्लड-प्रेशर के कारण बाहर जाने में समस्या हो जाती है।” मम्मी बोली।

“ठीक है, मैं आप दोनों के लिए होटल से ही डिनर पैक करा लाऊँगा।”

“लेकिन पापा, आप बर्थ-डे केक कब खिलायेंगे?” बेटी अंजली चहकते हुए बोली।

“अरे बड़े लोग बर्थ-डे केक नहीं काटते हैं।”

“हमको बेवकूफ मत बनाइये मम्मी।”

“हम बर्थ-डे केक जरूर पापा के हाथ से खायेंगे।” शैलेश ने बात काटते हुए कहा।

“ठीक है बाबा, आप लोग झगड़िये नहीं, लौटते समय बेकरी से बड़ा-सा बर्थ-डे केक ले आयेंगे जिसे दादी-बाबा सबके सामने काटा जायेगा।”

“हाँ, यह ठीक रहेगा।” चहकते हुए शैलेश बोला।

चिड़ियाघर, पिकनिक, पिक्चर और डिनर के बाद जब सभी लोग घर लौटे तो उन सबके चेहरे पर थकान के बावजूद एक अजीब-सी खुशी झलक रही थी, तभी शैलेश चहकते हुए बोला–

"पापा-पापा, जल्दी से बर्थ-डे केक निकालिये, नहीं तो आप भूल जायेंगे।"

"अरे, बाबा मैं भूला नहीं हूँ। रीमा जल्दी से बर्थ-डे केक निकालो।"

तब तक रीमा ने छोटी मेज खिसकाकर उस पर बर्थ-डे केक सजा दिया।

"पापा, इस बर्थ-डे केक को बारी-बारी सभी लोग काटेंगे।"

"अरे बेटा, मैं इस उम्र में बर्थ-डे केक काटूँगा, नहीं-नहीं आज तो बर्थ-डे तुम्हारा है। हाँ, यह अवश्य है कि शुगर के बावजूद केक जरूर खाऊँगा।"

"हाँ बेटा, आज तो बर्थ-डे केक काटने का तुम्हारा ही हक है।" माँ बोली।

"नहीं, मम्मी-पापा मेरा जन्मदिन आपका ही आशीर्वाद है, यदि आप हाँ नहीं करेंगे तो हम सब भी नहीं काटेंगे।"

"अरे, दादी मान जाइये न।" शैलेश ने कहा।

"केक देखकर मुझसे अब रहा नहीं जा रहा है बाबा।" यह कहकर अंजली बाबा को और शैलेश दादी को केक के पास खींच लाया।

इस पर पहले दादी ने फिर बाबा, उसके बाद अंजली, तब शैलेश, उसके बाद रीमा ने थोड़ा-थोड़ा केक काटा। आखिर में अर्पित ने केक को काटकर अपने हाथों से सबको खिलाया।

उसी समय शैलेश ने सी.डी. प्लेयर लगा दिया और अंजली और शैलेश डान्स करने लगे, उन लोगों ने दादी-बाबा को भी डान्स करने के लिए मजबूर कर दिया, दादी-बाबा अपनी-अपनी स्टाइल में झूमने लगे, यह देख रीमा भी अपने-आप में आ गयी, क्योंकि उसने नृत्य का विशेष प्रशिक्षण प्राप्त किया था। उधर अर्पित अपने हैण्डीकैम से इन स्वर्णिम क्षणों को कैद कर रहा था, तब तक शैलेश पापा के पास आया।

"अरे पापा, आप खाली वीडियोग्राफी और फोटोग्राफी ही करते रहेंगे या मम्मी के साथ कुछ डान्स-वान्स भी करेंगे।" यह कहकर शैलेश ने हैण्डीकैम ले लिया और अर्पित रीमा के साथ डान्स करने लगा, वास्तव में परिवार के बीच आपसी मधुर प्यार का वह स्वर्णिम क्षण था।

अर्पित को केवल तीन दिनों का ही अवकाश मिल पाया था। वे सुनहरे तीन दिन कब पंख लगाकर उड़ गये, इसका किसी को एहसास ही नहीं हुआ।

जब अर्पित को सभी लोग रेलवे स्टेशन पर छोड़ने आये तो सभी की आँखें नम थीं, तब तक प्लेटफार्म पर गाड़ी आ गयी, फालोवर ने रिजर्वेशन कोच में अर्पित का सामान रखा। अर्पित ने रीमा से कहा–

"देखो, तुम्हारी बहुत बड़ी जिम्मेदारी है, मम्मी-पापा का पूरा खयाल रखना है और बच्चों की भी सेहत और शिक्षा का पूरा ध्यान रखना है।"

"चिन्ता न करो अर्पित, जितना मुझसे बन पड़ेगा, मैं पूरा ध्यान दूँगी।"

"मुझे तुमसे यही उम्मीद है।" तब तक ट्रेन ने सीटी दे दी थी, अर्पित ने माँ-बाप के चरण स्पर्श करते हुए बच्चों को चूमा तथा रीमा के भी गालों को चूम लिया, इस पर रीमा लजा-सी गयी। अर्पित जब ट्रेन में चढ़ गया, सभी लोग एक-दूसरे को हाथ हिलाते हुए बॉय-बॉय करने लगे।

अगले दिन शाम को रीमा ने ड्राइंग-रूम में बच्चों को खाना लगा दिया, तब तक शैलेश बोला–

"मम्मी-मम्मी! दादी-बाबा को भी यहाँ बुला लो।"

"नहीं, उन्हें यहाँ बुलाने की कोई आवश्यकता नहीं है, उन्हें उनके कमरे में राजू फालोवर खाना दे आयेगा।"

यह कहकर रीमा दोपहर का बचा हुआ भोजन दो थालियों में लगाकर राजू को आवाज दी।

"राजू! यह दोनों भोजन थाल मम्मी-पापा को दे आओ।"

"लेकिन मम्मी, यह तो दोपहर का खाना है!" अंजली ने आश्चर्य प्रकट किया।

"तुम दोनों बच्चे हो, अभी नहीं समझोगे।"

राजू बुझे मन से दोनों भोजन थाल लेकर दादी-बाबा के कमरे में उन्हें दे आया।

जब अर्पित के माँ-बाप ने बासी खाना देखा, तो उन्हें कोई आश्चर्य नहीं हुआ, क्योंकि वे पहले से ही जानते थे कि अर्पित के सामने रीमा का सुनहला रंग रहता है और उसके जाने के बाद वह गिरगिट की भाँति तुरन्त अपना रंग बदल देती है। खाने के साथ-साथ उसके व्यवहार में भी जमीन-आसमान का फर्क आ जाता है।

●